MARCELO MACHADO



# TEOLOGIA DA CATEQUESE

## PROPOR A FÉ À LUZ DO CONCÍLIO VATICANO II

EDITORA
SANTUÁRIO

Imagem da capa: *Discípulos de Emaús*
Cláudio Pastro - Santuário Nacional de Nossa Senhora Aparecida

**Dados Internacionais de Catalogação na Publicação (CIP) de acordo com ISBD**

M149t Machado, Marcelo

Teologia da catequese: Propor a fé à luz do Concílio Vaticano II / Marcelo Machado. - Aparecida : Editora Santuário, 2023.
128 p. ; 14cm x 21cm.

Inclui bibliografia.
ISBN 978-65-5527-375-5

1. Religião. 2. Cristianismo. 3. Teologia. 4. Catequese. I. Título.

2023-2812 CDD 240
CDU 24

**Elaborado por Vagner Rodolfo da Silva - CRB-8/9410**

**Índice para catálogo sistemático:**
1. Religião : Cristianismo 240
2. Religião : Cristianismo 24

1ª impressão



Rua Pe. Claro Monteiro, 342 – 12570-045 – Aparecida-SP
Tel.: 12 3104-2000 – Televendas: 0800 - 0 16 00 04
www.editorasantuario.com.br
vendas@editorasantuario.com.br

# Sumário

# Siglas

CD Christus Dominus
CL Christifideles Laici
CT Catechesi Tradendae
CV Christus Vivit
DAp Documento de Aparecida
DC Diretório para a Catequese
DCG Diretório Catequético Geral
DGC Diretório Geral para a Catequese
DM Documento de Medellín
DNC Diretório Nacional de Catequese
EG Evangelii Gaudium
EN Evangelii Nuntiandi
GEx Gaudete et Exsultate
GS Gaudium et Spes
QA Querida Amazônia
RM Redemptoris Missio
VD Verbum Domini

# Introdução

Recentemente, estando em Roma, durante o III Congresso Internacional de Catequese, deparei-me como uma obra que inspirou as páginas seguintes, que traz como título *Teologia della catechesi: l'eco del kerygma*, de Carmelo Torcivia, teólogo, professor e, na ocasião, presidente da Associação Italiana de Catequese (AlCa). Fiquei motivado porque minhas angústias e expectativas também eram as dele, no que tocava o desejo de avançar águas mais profundas em temas de Catequética Fundamental. Na Itália, como também no Brasil, trabalhos que aproximam a Teologia da catequese ainda são escassos, ainda que por aqui vem crescendo a procura nos programas de pós-graduação em Teologia, com pesquisadores que atuam diretamente no campo catequético. Ainda que, durante muito tempo, os caminhos entre catequese e teologia não se cruzavam, já que o catequeta refletia cientificamente sobre a catequese enquanto o teólogo o fazia desde a fé. E é essa interação fecunda e produtiva entre a teologia e a catequética que compartilho com Torcivia[1] nesta humilde, mas calorosa e sincera, pesquisa.

Há mais de uma década tenho me debruçado, na prática pastoral, no árduo trabalho do processo catequético junto aos catequistas e em diversas comunidades em âmbito paroquial, diocesano, regional e nacional. A Catequética tem avançado muito no último século, especialmente com

1 TORCIVIA, C. Teologia della Catechesi: l'ecodel kerigma. Torino: Editrice Elledice, 2016.

o impulso renovador do Concílio Vaticano II, que trago no subtítulo de forma proposital. Busco o propósito de refletir teologicamente a catequese como proposta da fé, à luz desse último concílio ecumênico, já que nos unimos ao papa Francisco nas festividades do sexagésimo aniversário do concílio, propondo à Igreja mais que um sentimento de sincera gratidão e lembrança desta efeméride: é preciso retomar os textos, contextos e o impulso inspirador de São João XXIII e São Paulo VI na condução dos trabalhos junto aos padres conciliares e como estes desdobramentos tem, de fato, tocado o chão de nossas comunidades e o coração de nossos irmãos de promover, como se deseja aqui, uma catequese eminentemente evangelizadora.

Na primeira parte, a intenção é debruçar sobre uma marca registrada e patenteada pelos bispos latino-americanos na conferência de Aparecida: entender a mudança de época pela qual passamos. Contemplar a realidade não é uma tarefa simples, já que precisamos parar para ver melhor, escutar os gritos a nosso redor e demonstrar uma sincera sensibilidade diante de nossas dores e angústias, bem como dos que se aproximam a nós. Após um longo período de cristandade na história da Igreja, passamos por um marco divisor, chamado por muitos de pós-modernidade, que provoca e transforma muitas realidades que, até então, pareciam bastante sólidas, seguras e duradouras. Não podemos ficar aquém de tudo isso e a teologia busca caminhos para entender e lançar luzes nessa dinâmica epocal.

Em seguida, na segunda parte, a tese que apresento é a de recuperar a unidade fundamental do primeiro anúncio da fé, com todas as suas particularidades. É rever cada um dos momentos e das experiências de fé que se faz junto a catecúmenos, catequizandos e membros ativos de nossas comunidades cristãs. Isso requer reconhecer, em toda a Igreja, um novo paradigma catequético, com novas estratégias, metodologias e um desejo sincero no investimento formativo para nossos catequistas. Esse novo sopro renovador também carrega alguns sinais concretos de uma evangelização que não acontece, de fato, sem supor o testemunho de quem evangeliza, o anúncio explícito da Boa-Nova do Evangelho, o aprofundamento catequético dos dados da fé e a maturidade que se alcança pela inteligibilidade da fé, via teologia.

Por fim, a última parte deseja brindar os esforços desprendidos no período pós-conciliar, na feliz expressão de São João Paulo de identificar os "novos areópagos" no panteão da pós-modernidade onde nos encontramos hoje, inspirados no conhecido encontro querigmático de Paulo de Tarso junto aos filósofos, em Atenas, descrito no livro dos Atos dos Apóstolos. Dentre tantos areópagos pós-modernos, delimitei-me em apresentar apenas quatro deles, que exigem grande esforço da catequese em compreender e buscar caminhos para anunciar a fé que professamos, seja no pluralismo sociocultural, no relativismo religioso, na imensidão do continente digital ou, ainda, na crise ecológica pela qual passamos.

Oxalá encontremos caminhos seguros para nossa iniciação à vida cristã a partir destas perspectivas teológico-pastorais, ainda que apresentadas em linhas gerais e necessitem ainda de mais provocações e aprofundamentos. Com gratidão trago aqui um fruto que colho após sete anos de oração, pesquisas e muitos sorrisos e sincera amizade junto aos milhares de catequistas leigos, seminaristas, irmãos presbíteros e bispos do nosso imenso Brasil e América-Latina, especialmente no Centro Bíblico-Teológico-Pastoral da América-Latina (Cebitepal) – Colômbia, onde também tive a oportunidade de crescer nos estudos teológicos e me enriquecer fartamente com a experiência junto a outros irmãos de nosso continente. Grande parte deste trabalho foi oferecido como reconhecimento acadêmico na Dissertação de Mestrado ao programa de pós-graduação em Teologia da Pontifícia Universidade Católica do Rio de Janeiro (PUC-Rio), a quem sou imensamente grato, na pessoa do Prof. Dr. Waldecir Gonzaga e do Prof. Dr. Abimar Oliveira de Moraes.

Uma boa leitura a todos!

Rio de Janeiro, 14 de setembro de 2023
*Festa da Exaltação da Santa Cruz*

# PARTE I

## O desafio de viver a fé cristã em tempos de crise

*"Frente à nova situação religiosa de pluralismo e secularização, torna-se mais urgente a tarefa evangelizadora da Igreja. Desde uma penetração mais profunda da palavra de Deus deve se considerar, por um lado, a necessidade da tomada de consciência dos elementos positivos desta secularização e, por outro lado, a criação de formas de transmissão da fé, como são exigidas pela sociedade em processo de mudança, buscando uma compreensão e expressão mais puras e autênticas do Evangelho e da Igreja. Esta transmissão da fé há de conduzir a uma adesão pessoal e, portanto, complementar, do homem a Cristo."*

(CELAM, Documento Preliminar, 1968, p. 23)

Nunca foi uma tarefa fácil à teologia responder às questões de seu tempo. Em cada época, novas interpelações provocaram crises e, muitas vezes, atitudes duras por parte da Igreja frente aos problemas contemporâneos.

Nosso tempo, revestido de tantas imagens, axiomas e predicados, ainda se esconde no complexo conceito de *pós-modernidade*. Aqui não se busca aprofundar seus avanços e limites, mas antes buscar o que ela tem a dizer em relação à fé, a Deus e à religião hoje: é preciso identificar alguns sintomas sociais e religiosos que recaem diretamente sobre o campo teológico, particularmente na esfera catequética.

Da mesma forma, intensifica-se nos últimos anos a propagação da expressão "pós-Deus" para estender, do religioso às demais dimensões humanas, a problemática sobre um possível "rebote religioso" provocado na crise moderna e de um aparente *revival* religioso que acaba por deformar ainda mais a experiência religiosa que já sofrera transformações no início da modernidade, mas agora sob o viés do consumo, das mídias sociais e do fundamentalismo.

Por isso mesmo a teologia, como ato de inteligência da fé, quer dizer algo a este mundo movediço em ideias, temperamentos e ventos impetuosos que parecem sacudir com força a barca da Igreja e seus elementos de fé. O teólogo Gonzalez Faus[1] aplica o conceito de "ausência de Deus", nota marcante de nosso tempo que se entrelaça ao pensamento de outro teólogo espanhol, Lluís Duch, que lançava, pouco antes, *El exilio de Dios* (2017), com particularidades europeias que também chegam ao quintal de nossa América-Latina. Caballero comenta que "vivemos um tempo de esquecimento de Deus e, ao mesmo tempo, de aumento da religiosidade. A razão é a crise da imagem de Deus na tradição judaico-cristã, que deixou um vazio que muitas vezes se tenta preencher com o próprio eu, terminando assim numa espécie de autodeificação" (CABALLERO, 2017, p. 793). E comenta em seguida a ruptura da memória religiosa

1 GONZALEZ FAUS, Jose Ignacio. Depois de Deus... Petrópolis: Vozes, 2023. A obra foi publicada originalmente em espanhol, pela editora Salterrae, em 25 de fevereiro de 2019, com o título Después de Dios.

que acontece tanto no plano individual como no coletivo: "uma desmemorização e uma destradicionalização. O autor acredita que as causas desse esquecimento de Deus é que a imagem que dele foi transmitida era uma imagem 'petrificada', oferecida por um ambiente 'oficial' e com uma mediação sacramental e moral que não é mais significativa para o mundo cultural em que vivemos".

É com estes princípios teológicos que se dirá um pouco mais sobre os chamados *cristãos pagãos* do terceiro milênio, e como esse impacto sociorreligioso atinge com muitos efeitos colaterais a teologia e a catequese.

CAPÍTULO 1

# Algumas impressões de um cristianismo paganizado

Durante a Missa Crismal de 2022, papa Francisco dirigiu-se aos sacerdotes para dizer que no exercício do ministério pastoral é possível prender-se ao que chamou de espaços de idolatria, comportamentos perigosos para a vida do sacerdote, como a mundanidade espiritual, o pragmatismo dos números e o funcionalismo. E, a certa altura, de forma direta, como faz costumeiramente, lançou: "Um sacerdote mundano não é outra coisa que um pagão clericalizado" (FRANCISCO, 2022). Algo bastante forte, mas que revela a fraqueza humana refletida não somente nos ministros ordenados, mas que toca a todos que vivem em meio a pessoas "inseguras, desorientadas, confusas e assustadas pela instabilidade do mundo" que nos rodeia (BAUMAN, 2005, p. 68).

Já há algum tempo, inúmeros teólogos – principalmente europeus – tocam no tema de um novo "paganismo" pós-cristão, depois do grande período da cristandade ocidental. É que no primeiro século da era cristã, na cidade de Antioquia, por exemplo, tomou forma uma experiência chamada de *cristianismo pagão*, corrente que adaptava o cristianismo ao substrato social, psicológico e religioso do mundo pagão. E, assim, vários elementos se mesclavam na compreensão de fé em Jesus Cristo, mesmo diante das perseguições do

Império Romano. O apóstolo Tiago, Paulo de Tarso, Timóteo e outros tiveram contato com muitas comunidades cristãs que não aceitavam diversas práticas judaicas e buscavam outros elementos culturais que foram, aos poucos, sendo assimilados na vivência comunitária.

O que observamos agora, vinte séculos depois, é a inversão de práticas culturais ao que chamamos de um "cristianismo paganizado", às avessas: se no começo do cristianismo eram os pagãos que traziam elementos culturais para as comunidades cristãs, agora, há um novo movimento, o de levar alguns elementos religiosos para a sociedade com uma prática desconectada do que se foi recebido como experiência de fé em comunhão com a comunidade cristã. Há uma significativa diferença na questão da diáspora pós-moderna vivida pelos cristãos em um mundo paganizado: "nossos pagãos não provêm de uma religião estranha, mas que têm passado do cristianismo ao paganismo real ou, o que é pior, mantém o cristianismo como ponto de referência cultural, mas que tem perdido todo sentido de fé e de transcendência" (VELA, 2014, p. 107).

O mesmo Vela demonstra que não é fácil, hoje, estabelecer uma linha que possa dividir os batizados afastados da comunidade com os neopagãos, ou os sociologicamente cristãos. Partindo da tradição latino-americana do teólogo Segundo Galilea (1928-2010), nota-se, com profunda e madura crítica teológica, um cristianismo estático, desgastado e sem prestígio, o que na Conferência de Aparecida se insistia muito na mudança da enrijecida pastoral de conservação da Igreja católica, que impedia a conversão para uma Igreja missionária e transformadora. Por isso mesmo, "os destinatários da reevangelização são os cristãos batizados neopagãos, que vivem sua fé de uma maneira 'sociológica', sem conteúdo nem compromisso real, a quem a mensagem evangélica se torna estranha, por opções de vida nunca assumidas" (VELA, 2010, p. 31). Já décadas antes, os bispos latino-americanos reunidos em Medellín traziam à tona situações dessa mesma natureza: "na América Latina, na grande massa de batizados [...] encontram-se também grupos étnicos semipagãos; massas camponesas que conservam uma profunda religiosidade e massas de marginalizados com sentimentos religiosos, mas de pouca prática cristã" (DM, 6.1).

Na Europa, essa situação já é bastante evidente. O jesuíta Roger Lenaers (1925-2021) constata, com tristeza: "olhem os bancos das igrejas nos domingos, onde há cada vez mais lugares vazios. Melhor nem falar dos dias da semana. A Europa antes cristã e piedosa hoje se torna pagã a olhos vistos" (LENAERS, 2010, p. 33-34). De fato, desde a década de 1970, alguns filósofos de direita, sobretudo franceses, lançavam um projeto de renascimento cultural europeu, ou um segundo paganismo, livre do monoteísmo judaico-cristão. E com esse projeto teórico, cogitava-se, ainda, algumas proposições de cunho religioso para esse cenário, com uma vida "hedonista, individualista, narcisista de determinados humores pós-modernos, acompanhados às vezes de uma áurea esotérica, ocultista e da defesa de novas formas politeístas" (VELASCO, 1993, p. 222). Ou, ainda, como lembrava Lluis Duch, muitas pessoas acabam por trocar "a imagem normativa de Deus – definida pelo binômio dogma-heresia – por uma religião à la carte, cujo destinatário é o ser humano em suas emoções: um esoterismo sem ética, um desinteresse pela história – estamos em uma sociedade antiescatológica"

(CABALLERO, 2017, p. 793). Aponta, ainda, um possível retorno da gnose, bastante característico nos tempos de crise, desencanto e ruptura social: "por desconfiança do que lhe é oferecido, a pessoa busca dentro de si a salvação: é uma '*autosotería*', que, navegando nas profundezas de si mesma, desvinculada de uma história e de um sistema, tenta trazer à tona o que é divino" (CABALLERO, 2017, p. 794).

Pensando nesse projeto, sonhado por idealistas do século XX que desejavam o fim da religião, ao menos três tendências foram desabrochando desde o ponto de vista religioso: uma primeira que traz alguns escassos núcleos de cristandade tradicionais, abertos à confissão cristã; outra que se vê indiferente diante do neopaganismo que se desenha aos poucos, na velha cristandade; e aqueles que projetam uma nova forma de religiosidade, protegidos pelo guarda-chuva da Nova Era. É evidente que em uma sociedade "pós-moderna, pós-cristã, aberta, plural e secularizada, existe uma dissociação clara entre a comunicação do cristianismo (ou transmissão da fé) às novas gerações e o processo de socialização ou de inserção social (BERZOSA, 2006, p. 20). E, em tempos que se fala tanto de uma experiência sinodal, especialmente no processo de escuta, não nos faltam perguntas pelas ruas: "se pode ser cristão e cidadão moderno (como sim se enfrentaram dogmatismo contra tolerância)? O que o cristianismo contribuiu como específico quando alguém já é um bom cidadão?" (BERZOSA, 2006, p. 20).

Os ídolos, dos quais o papa Francisco apresenta como desvios da fidelidade que se espera no sacerdócio ministerial, também equivale aos fiéis em sua totalidade, porque em um contexto neopagão como o nosso, com uma forte carga idolátrica, tudo isso afeta diretamente a transmissão da fé cristã. Os novos oráculos, em uma versão em que se mantém sem portas e janelas, provocam um deslumbramento nesse neopaganismo, é quando se dá a passagem de um *homo religious* ao *homo indifferens*, como difusão de uma religiosidade centrada agora no indivíduo. Comentando o teólogo espanhol Gonzalez de Cardedal (1934): "temos passado do ateísmo beligerante, ao agnosticismo consciente e finamente a algo mais grave: não falar, não saber, não recordar a Deus – afasia, agnosia e amnesia de Deus" (CARVAJAL-BLANCO, 2012, p. 97). E conclui com algo que temos encontrado até no último censo religioso brasileiro: "Deus tem deixado de ser objeto de interesse ou de rechaço, porque previamente tem deixado de ser objeto de interesse ou de escândalo [...]. o que tem nascido é outra coisa, chama-se cansaço, silêncio ou desinteresse de Deus, incapacidade para perceber o que implica sua realidade" (CARVAJAL-BLANCO, 2012, p. 97).

Como dito anteriormente, o que se viu, historicamente, foi a massificação do batismo de crianças, impulsionada pela cristandade, de um lado, e a desaparição do catecumenato, como caminho de conversão, de outro. Ninguém discorda, como Cassiano Floristán ressoava, às vésperas do Concílio Vaticano II, que "na Igreja primitiva era batizado o convertido; agora tem de converter o batizado" (FLORISTÁN, 1991, p. 27). E ele, corajosamente, admite que uma grande maioria de batizados não foi devidamente iniciada na família, na escola ou na paróquia: "esta anomalia a uma supervalorização da graça sacramental sobre a fé pessoal se mostra na obsessão pastoral não distante de batizar (*quam primam*) a quem não tem uso da razão e dar a extrema unção (hoje, unção dos enfermos) a quem se tem perdido a razão" (FLORISTÁN, 1991, p. 27). E ao crescente grupo dos chamados "desigrejados", Floristán retoma: "a existência de um número considerável de batizados não praticantes, com uma vida de fé mais ou menos deficiente, deve-se sem dúvida, à precipitação batismal. Evidentemente, há cristãos que se afastaram da prática, mas também há muitos batizados que quase nunca praticaram pessoalmente".

Capítulo 2

# A religião sob novas vestes

Muito se ouviu nos últimos anos sobre um retorno do sagrado na pós-modernidade após o vento impetuoso de uma modernidade que proclama a morte de Deus e o fim da religião. Há quem concorda que vivemos hoje uma segunda secularização. De fato, uma primeira aconteceu na época moderna, quando as instituições sociais e outras áreas do conhecimento foram se emancipando da instituição religiosa. Agora, vivemos um novo momento, no qual novos movimentos religiosos aparecem para compor um paganismo politeísta[1]. É possível detectar "um pluriforme pluralismo religioso que abarca de novas e variadas formas religiosas, a coexistência de diferentes crenças, cosmovisões e sistemas éticos de orientação da vida, inclusive uma pluralidade de formas de organizar e viver das religiões institucionais" (VELASCO, 1997, p. 60).

Nos anos que se seguiram imediatamente ao pós-concílio, a Igreja já indicava uma nova modalidade de paga-

1 Além do teólogo Juan Martín Velasco (1934-2020) – que deixou uma vasta literatura sobre o fenômeno religioso –, Juan Carlos Carvajal Blanco (1961), do mesmo presbitério madrilês, aprofunda largamente este tema: "*El paganismo* se define por ofrecer una experiencia gozosa de la vida que permite huir tanto del peso de la responsabilidad como de la angustia que produce hoy al hombre el futuro incierto. [...] El neopanismo se ha convertido en un 'hábitat cultural' que, aunque no se explicite teóricamente, funciona como un axioma vital por el cual nuestros contemporáneos, incluso creyentes, prejuzgan el anuncio del Dios cristiano y ven condicionada su acojida" (CARVAJAL BLANCO, J., Pedagogía del primer anuncio, p. 103; 105).

nismo, unida ao indiferentismo religioso e ao ateísmo: é o caso de uma "fé cristã misturada com uma espécie de neopaganismo, embora permaneça certo sentido religioso e certa crença em um ser supremo. A mentalidade religiosa pode estar longe da influência da Palavra de Deus e da vida sacramental e buscar seu alimento em práticas supersticiosas e mágicas; e a vida moral, por sua vez, pode retornar a uma ética pré-cristã" (DCG, 7). E, preocupadamente, demarcava com sinais visíveis o que se passava na mudança de época vigente: "às vezes é possível que elementos de cultos naturistas e animistas sejam introduzidos na religiosidade cristã, de práticas divinatórias com o perigo de cair em formas sincréticas; e também se espalham seitas religiosas que misturam os mistérios cristãos com antigas visões míticas" (DCG, 7).

Joseph Gevaert, na conhecida obra *El Primer Anuncio*, da qual parte dela ganhou tradução portuguesa[2], aponta o perigo da fragmentação de diversos serviços na Igreja que acarreta a falta de sensibilidade pastoral para entender, por exemplo, a dinâmica eclesial da catequese, da animação bíblica e do papel dos agentes de pastoral em todo o processo de iniciação à vida cristã. Falamos muito em projetos, mas

2 GEVAERT, J. *El primer anuncio. Proponer el Evangelio a quien no conoce a Cristo. Finalidades, destinatarios, contenidos, modos de presencia*. Santander: Sal Terrae, 2001. Nascido na Bélgica e professor de Catequética em Roma, está inscrito entre os catequetas mais lúcidos da atualidade e apresenta nesta obra um tratado sobre a importância do primeiro anúncio e de uma organização catequética abertamente missionária. Infelizmente, a tradução portuguesa brasileira (*Primeiro anúncio: finalidade, destinatários, conteúdos, modalidade*. São Paulo: Paulinas, 2009) não apresenta os dois primeiros capítulos da publicação original. Por mais que o autor apresente alguns problemas específicos da secularização vivida na Europa, este prelúdio traz uma reflexão pastoral preciosa sobre os desafios para o primeiro anúncio que não se restringem somente à Europa, mas toca a realidade latino-americana e, especialmente, sobre o testemunho cristão do teólogo. Utilizaremos aqui a publicação original.

que, no fundo, se amarram em "nós cegos" na *práxis* pastoral. E aqui corremos o risco de não perceber – e quando percebemos, não se busca uma solução por conformismo – que "existem muitos jovens e adultos que, de fato, não são cristãos, não tem fé e não experimentam nenhuma conversão do coração. São efetivamente neopagãos e constituem uma situação missionária que nos desafia com métodos apropriados, diversos das lógicas da catequese doutrinal e da pastoral dos crentes" (GEVAERT, 2001, p. 37). Na verdade, o retorno da religião em sua versão pós-moderna se dá sob vestes pagãs, onde se refresca com uma fé experimentada em momentos individuais, com busca de satisfação e harmonia subjetiva e, consequentemente, "os valores pagãos se vão impondo e a convicção com a que pretende substituir a visão cristã da vida por outros. Não esqueçamos que o 'paganismo tem sido sempre o grande adversário do cristianismo'" (CARVAJAL-BLANCO, 2012, p. 95).

Esse desafio da evangelização com novos métodos não passou despercebido pelos últimos pontífices. São Paulo VI exortava sobre a importância do testemunho cristão frente ao grupo dos "não cristãos" (EN, 21) – para falar daqueles que ainda não conheciam a Cristo, dos batizados não praticantes ou daqueles que viviam em modelos eclesiais obsoletos e distantes dos valores evangélicos. Na festa de São Pedro e São Paulo VI, no início do décimo ano de seu pontificado, não deixou esconder sua preocupação quando falava de comunicar Deus ao mundo de hoje: "Pensemos neste momento com imensa caridade em todos os nossos irmãos que nos deixam, a tantos fugitivos e esquecidos, a tantos que talvez nunca tenham tido consciência da vocação cristã, embora tenham recebido o Batismo" (PAULO VI, 1972). E nessa mesma homilia expôs sua agonia, lembrada até hoje:

> Referindo-se à situação da Igreja hoje, o Santo Padre afirma ter a sensação de que "de alguma fresta entrou a fumaça de Satanás no templo de Deus". Há dúvida, incerteza, problemas, inquietação, insatisfação, confronto. Não confiamos mais na Igreja; confiamos no primeiro profeta profano que vem falar conosco de algum jornal ou algum movimento social para persegui-lo e perguntar se ele tem a fórmula da vida verdadeira. E não sentimos que já somos mestres e professores disso. A dúvida entrou em nossas consciências e entrou por janelas que, em vez disso, tiveram de ser abertas para a luz. Da ciência, que é feita para nos dar verdades que não se desvinculam de Deus, mas que nos fazem buscá-lo ainda mais e festejar com maior intensidade, veio a crítica, veio a dúvida. Este estado de incerteza reina também na Igreja. [...] Acreditava-se que depois do Concílio viria um dia ensolarado para a história da Igreja. Em vez disso, chegou um dia de nuvens, de tempestades, de escuridão, de pesquisa, de incerteza. Pregamos o ecumenismo e nos distanciamos cada vez mais dos outros. Tentamos cavar abismos em vez de preenchê-los (PAULO VI, 1972).

São João Paulo II, ao apresentar as conclusões do Sínodo sobre a Catequese de 1977, referia-se também a um grupo de cristãos sociológicos, chamando-os de "quase catecúmenos" (CT, 44), fruto de uma catequese precoce, mal orientada ou mal assimilada. Em seu longo pontificado, sempre manifestou a necessidade de uma nova evangelização, frente às fortes transformações que abatera o mundo nas últimas décadas. Em diversos povos, "onde a religião e a vida cristã foram em tempos tão prósperas e capazes de dar origem a comunidades de fé viva e operosa, encontram-se hoje sujeitos a dura prova, e, por vezes, até são radicalmente transformados pela contínua difusão do indiferentismo, do secularismo e do ateísmo" (CL, 34). Por isso dizia no mesmo número que "só uma nova evangelização poderá garantir o crescimento de uma fé límpida e profunda, capaz de converter tais tradições numa força de liberdade autêntica".

O papa Bento XVI, na missa de abertura do Sínodo sobre a Nova Evangelização, comemorando os 50 anos de abertura do Concílio Vaticano II, elucida que a nova evangelização[3] no milênio entrante estava "destinada principalmente às pessoas que, embora batizadas, se distanciaram da Igreja e vivem sem levar em conta a prática cristã" (BENTO XVI, 2012). Durante o encerramento, sintetizava aos padres sinodais as três linhas pastorais que emergiram do sínodo: a catequese e a iniciação cristã, a preocupação com a missão *ad gentes* e as pessoas batizadas que não viviam as exigências de seu Batismo. É missão da Igreja buscar caminhos e criar oportunidades para os que se encontram afastados, "para que encontrem de novo Jesus Cristo, redescubram a alegria da fé e voltem à prática religiosa na comunidade dos

3 O tema da "nova evangelização" ou "re-evangelização" é, sem dúvida, palco de espinhosas discussões nos campos teológico e pastoral. Ainda que alguns afirmem que foi cunhada para reafirmar o desejo de uma neocristandade sonhada pelo papa João Paulo II, creditando-a aos novos movimentos eclesiais, esta nova evangelização acabou sendo incorporada eclesialmente naquilo que compete a missão e natureza da Igreja de evangelizar em meio aos novos desafios deste milênio. Dizia dom Rino Fisichella: "Na selva das interpretações considero que é melhor evitar o neologismo 're-evangelização' para permitir-nos falar da nova evangelização como de uma forma mediante a que o mesmo Evangelho de sempre se anuncia com novo entusiasmo, com novas linguagens compreensíveis em uma situação cultural diferente, e com novas metodologias capazes de transmitir o sentido profundo que permanece inalterado" (FISICHELLA, R., La nueva evangelización, p. 29).

fiéis. Para além dos métodos tradicionais de pastoral, sempre válidos, a Igreja procura lançar mão de novos métodos, valendo-se também de novas linguagens, apropriadas às diversas culturas do mundo" (BENTO XVI, 2012).

Discursando à presidência do CELAM durante a Jornada Mundial da Juventude, no Rio de Janeiro, papa Francisco recordava que temos nas mãos uma bússola para não nos perder no caminho da evangelização, a identidade católica concebida como pertença eclesial, necessária para resgatarmos os "batizados indiferentes e afastados" (FRANCISCO, 2013). Nesse sentido, temos de reaprender o caminho da fé abrindo "os átrios dos pagãos, ainda para os que, supostamente, tenham recebido um verniz de religião" (ARNOLD, 2015, p. 158).

Essa experiência de afastamento institucional, de um lado, e o neopaganismo como indiferentismo, do outro, manifesta uma crise do sagrado e o pulular de novas recomposições religiosas híbridas, já que os homens de hoje são treinados para a vida de consumo, não para a vida eterna (BAUMAN, 2005, p. 81), como sempre ensinou o cristianismo. Para muitos, a ida da família aos domingos no *shopping center* é a nova encarnação do sagrado. Vejamos, à guisa de exemplo, as duas maiores festas cristãs do ano litúrgico. No Brasil, a Festa do Natal se resume quase sempre a propagar a figura fantasiosa e norte-americana de um Papai-Noel em casacos pesados em pleno verão, bem como os chamados "amigos secretos", com muita comida e bebida. Na festa da Páscoa, a situação fica um pouco pior: não se fala nada de Paixão, Morte e Ressurreição de Jesus. Isso é demasiado perturbador e escandaloso para nossos dias. Ao contrário, as crianças se divertem com seus ovos de chocolate superfaturados e a família programa, com antecedência, suas férias antecipadas no "feriado" da Semana

Santa. Dom Joel Portella lembrava, na III Semana Brasileira de Catequese que, nessa mudança de época em que vivemos, muitos pais "já estão transmitindo para seus filhos a opção dos sem religião. Podem até crer em Deus e achar Jesus Cristo simpático. Não querem, todavia, submeter-se a uma comunidade, a uma instituição, a uma tradição" (AMADO, 2010, p. 53). Estes são os cristãos paganizados: fizeram com que as pontes que o cristianismo construiu, ligando a vida mortal à eternidade, caíssem em desuso (BAUMAN, 2005, p. 82).

Mesmo diante de um cenário aparentemente catastrófico, vemos lampejos de esperança e novas oportunidades de viver a fé e apresentar a Boa-Nova do Cristo em nossa cultura. Com isso, a missão da Igreja de evangelizar se encontra, hoje, diferentemente daquela que se costumava fazer em períodos anteriores. E com isso, não faltam testemunhos desanimadores: "a imagem de uma missão conquistadora entre os pagãos, os gentios ou os "selvagens" parece definitivamente superada. Estamos em meio a um mundo plural, onde os próprios cristãos são os primeiros pagãos. Até poderíamos considerar como selvagens alguns fanatismos religiosos" (ARNOLD, 2015, p. 190). Em uma escala global, onde os limites territoriais e paroquiais desaparecem e, porque não dizer que também a linha que dividia antes o mundo real do virtual, "é quase impossível, hoje, estabelecer fronteiras entre Cristianismo e paganismo, civilização e não civilização. Estamos todos sentados na mesma mesa de um mundo ao mesmo tempo promotor de esperança e demiurgo das piores desumanizações", desaba o místico (ARNOLD, 2015, p. 190).

# PARTE II

# Recuperar o primeiro anúncio, à luz dos signos da evangelização

*"De um olhar mais aprofundado pelo contexto cultural, podem emergir as novas problemáticas que a Igreja é chamada a viver. Particularmente duas. A primeira é o fenômeno da cultura digital que traz consigo a segunda conotação, a globalização da cultura. [...] Com efeito, esta [vida de fé] transmite-se com o encontro interpessoal e alimenta-se na esfera da comunidade. A exigência de exprimir a fé com a oração litúrgica e de testemunhá-la com a força da caridade exige saber ultrapassar o caráter fragmentário das propostas para recuperar a unidade originária do ser cristão."*

(Diretório para a Catequese, 2020, n. 16-17)

Como é bom recordar, ao falarmos de anúncio da fé cristã, da docilidade de São João XXIII iniciando os trabalhos de um concílio do qual já imaginava não ver sua clausura: "O que mais importa ao Concílio Ecumênico é o seguinte: que o depósito sagrado da doutrina cristã seja guardado e ensinado de forma mais eficaz" (CONCÍLIO, 1967, p. 17). E um detalhe: além de falar sobre a defesa e difusão do *depositum fidei*, utiliza o advérbio "mais" para mostrar justamente a eficácia desse anúncio. Muitos padres sinodais diziam que esse discurso de abertura fora fundamental para que o concílio tomasse um rumo mais sinodal entre os bispos, e de maior colegialidade nas múltiplas reflexões. O fato é que o Papa deixou claro que o trabalho pastoral estava sendo feito, mas não de modo suficiente. Por isso insiste que "o espírito cristão, católico e apostólico do mundo inteiro espera um progresso na penetração doutrinal e na formação das consciências; é necessário que esta doutrina certa e imutável, que deve ser fielmente respeitada, seja aprofundada e exposta de forma a responder às exigências do nosso tempo" (CONCÍLIO, 1967, p. 18).

Nessa missão confiada ao concílio, o anúncio da fé cristã precisava ser feito de forma sistemática e ordenada, à luz dos sinais dos tempos. No último parágrafo do decreto *Christus Dominus*, sobre o múnus pastoral dos bispos na Igreja, aparece uma determinação clara e particular sobre este tema: "Dispõe também o sagrado Concílio que se redijam Diretórios gerais para a cura de almas, tanto destinados aos Bispos como aos párocos, onde uns e outros encontrem métodos seguros para mais fácil e frutuoso desempenho das obrigações pastorais" (CD, 44). E há, ainda, um complemento particular, nesse mesmo número, como dissemos: redijam-se, ainda, um "Diretório sobre a formação catequética do povo cristão, que exponha os princípios fundamentais, a orientação e também o modo de elaborar os livros acerca desta matéria". E aqui se refere basicamente aos bispos, seguindo as determinações conciliares que, expondo a doutrina fielmente, buscassem orientar de maneira segura os fiéis nessa mesma fé e acompanhassem pedagógica e metodologicamente a instrução religiosa no processo da iniciação cristã.

Diante do que já foi apresentado, resta-nos buscar um conjunto de elementos que forme um tecido global desse processo de evangelização do qual tanto se fala e se busca na práxis eclesial. É verdade também que não há um consenso desde quantidade e significado destes elementos pastorais herdados durante os dois milênios da história cristã. O importante é que entre as nuances de alguns especialistas, a teologia prática foi redesenhando seus contornos quando se fala do anúncio do Evangelho no mundo atual. Entendamos brevemente esse caleidoscópio pastoral.

Capítulo 1

# Em busca da unidade fundamental da ação evangelizadora

De 20 a 25 de setembro de 1971, aconteceu em Roma o II Congresso Internacional de Catequese[1], promovido pela Sagrada Congregação para o Clero, com o intuito de promover e aprofundar o *Diretório Catequético Geral* – publicado em 11 de abril do mesmo ano –, documento importante que se destinou a reavivar e renovar o ensino da doutrina cristã. Nestes primeiros anos pós-conciliares, havia muito entusiasmo e empenho por parte das diversas comissões para colocar em prática as orientações emanadas do concílio, e a publicação de diretórios[2] foi uma delas.

---

1 O I Congresso Internacional de Catequese aconteceu 20 anos antes, de 10 a 14 de outubro de 1950, também em Roma, e contou com a participação de 600 pessoas, inclusive com representação brasileira, como o monsenhor Álvaro Negromonte (1901-1964). De forma distinta deste primeiro – devido à distância e à renovação que o concílio determinou a toda a Igreja – o II Congresso conseguiu reunir 1.152 participantes de 79 países e contou com grande entusiasmo daqueles que já vinham buscando a renovação catequética desde as Semanas Internacionais de Catequese, na década de 1960. Deste encontro, além da "conferência programática do cardeal prefeito, J. Wright, outras quatro se deram: *Necessidade, dificuldade e possibilidade da catequese atual* (J. M. Estepa Laurens); *Natureza, finalidade e metodologia da catequese na ação pastoral da Igreja* (D. S. Arnalorpadavass); *O objeto da catequese, as suas fontes e as suas relações mútuas* (G. Stimpfle); e *A nova missão, as exigências fundamentais da ação catequística* (M. Bournique)" (BOLLIN, A.; GASPARINI, F., A catequese na vida Igreja, p. 225).

2 No Brasil, o documento *Catequese Renovada* – publicado pela CNBB em 1983 – sempre serviu de bússola e referência aos catequistas e às comunida-

Com esse primeiro diretório catequético, São Paulo VI recordava sobre a importância da instrução religiosa e do comprometimento dos responsáveis por ela. Aos participantes do II Congresso lembrou que a catequese, como ensino, exige não só a participação constante do catequista, mas de toda a comunidade: "ora, todos os fiéis são obrigados, individualmente, a dar esse testemunho, professando a própria fé, com os atos, com as palavras e com o exemplo. Diz-se, continuamente, que todos os membros da Igreja devem ser apóstolos, devem ser missionários; pelo próprio fato de participarem na vida da Igreja, devem ser, de algum modo, seus promotores, os filhos da luz" (PAULO VI, 1971). E aqui confirma o quanto a experiência do Vaticano II fora, de fato, vivida como profunda renovação catequética e novo espírito evangelizadores nas décadas que se seguiram. E conclui: "isto comporta o dever fundamental de conhecer a própria fé, de se instruir sobre as verdades da religião. Essa necessidade é uma das exigências prementes e sempre atuais da história do cristianismo".

Esse novo Diretório, dirigido de forma mais direta aos bispos do mundo todo, apresenta proposições teológicas e pastorais agrupadas em seis blocos: a situação do mundo atual, o ministério da Palavra, a mensagem cristã, elementos de metodologia, a catequese segundo as idades e a ação pastoral do ministério da Palavra. Seu objetivo é percebido desde sua apresentação, com a finalidade imediata de oferecer subsídios

des, daquilo que se esperava da renovação conciliar, sendo o documento da conferência brasileira com maior número de edições e alta vendagem, mesmo 40 anos depois. Somente em 2006, a equipe nacional de Animação Bíblico-Catequética, com outros especialistas, publicaram um *Diretório Nacional de Catequese*, como sugestão da Cúria Romana às conferências nacionais, em um trabalho intenso que durou mais de três anos.

para a elaboração de outros diretórios catequéticos e catecismos. Com ele, busca-se aprofundar o serviço do *ministério da Palavra*, com a missão de comunicar a mensagem de salvação aos homens de nosso tempo. É interessante dizer que o destaque do documento está em dizer que esse ministério pode assumir diversas formas (DCG, 17) na Igreja: a *forma de pregação missionária*, com o despertar do primeiro anúncio da fé; a *forma catequética*, buscando tornar essa fé viva, explícita e prática; a *forma litúrgica*, na experiência celebrativa com a comunidade, especialmente na Eucaristia; e a *forma teológica*, onde a fé é revestida de caráter científico e investigativo. Nesse sentido, há, primeiro, a constatação de uma debilidade catequética quanto à experiência pessoal com Jesus Cristo, vivida por aqueles que buscam segui-lo na comunidade de fé, já que a "própria catequese pressupõe uma adesão global ao Evangelho de Cristo, proposto pela Igreja. No entanto, às vezes é dirigida a homens que, embora pertençam à Igreja, de fato nunca tiveram uma verdadeira adesão pessoal à mensagem revelada (DCG, 18). E depois sublinha o que buscamos, com insistência, na retomada da inspiração catecumenal, com seus tempos e suas etapas, a importância do primeiro anúncio, que deve levar necessariamente o simpatizante, nesse processo catequético, a que, convertendo-se, assuma sua fé. E "isto significa que a evangelização pode preceder ou acompanhar a catequese propriamente dita, segundo as circunstâncias. Mas, em todo caso, deve-se levar em consideração que a conversão é um elemento necessário no dinamismo da fé e, portanto, a catequese, qualquer que seja sua forma, deve incluir de alguma forma a evangelização" (DCG, 18).

Com todos os esforços desprendidos nestes primeiros anos após o concílio em vista de uma autêntica renovação catequética, São João Paulo II não se esqueceu de reconhecê-lo na figura emblemática de seu antecessor: "os últimos Papas atribuíram à catequese um lugar eminente em sua solicitude pastoral. Nessa linha, Paulo VI, com seus gestos, sua pregação e sua interpretação autorizada do Concílio Vaticano II – que ele considerava o grande catecismo dos tempos modernos – e até com toda a sua vida, serviu a catequese da Igreja de modo particularmente exemplar (CT, 2).

Com as comemorações dos 30 anos do Concílio Vaticano II e à luz de uma extensa jornada catequética – de um lado, as provocações pastorais dos Sínodos dos Bispos de 1974, sobre a Evangelização e de 1977, sobre a Catequese; de outro, a publicação do *Catecismo da Igreja Católica*, em 1992 –, foi preciso atualizar aquele primeiro diretório, com menos normas imperativas e mais critérios de inspiração para a ação pastoral. Assim veio a público o *Diretório Geral para a Catequese* que, como outros diretórios, tornou-se um *vade-mécum*, "um conjunto de princípios, critérios e normas de natureza bíblico-teológica e metodológico-pastoral com a função de coordenar a ação pastoral" (DNC, 5).

Distribuído metodologicamente no mesmo formato de seu antecessor, o novo diretório apresenta seis temas: uma exposição introdutória sobre o anúncio do evangelho no mundo contemporâneo; depois, a catequese na missão evangelizadora da Igreja; a eficácia da mensagem evangélica; a pedagogia da fé, com elementos metodológicos; os destinatários da catequese, retomando a catequese por idades; e a catequese nas Igrejas Particulares, com os temas do ministério, formação e serviço.

De igual maneira, o anúncio da fé é descrito segundo as várias formas ou funções do ministério da Palavra. A convocação e o chamado à fé são realizados mediante o primeiro anúncio que, nesse Diretório, classifica como destinatários (DGC, 51): os pagãos, os que vivem à margem da vida cristã, os que praticam outra religião e o despertar religioso em crianças em tempo de catequese. E destaca ainda que o primeiro anúncio e a catequese possuem uma relação de distinção na complementaridade, ainda que na prática pastoral as duas se confundam. É necessário que no itinerário catequético se realize uma primeira etapa chamada de *pré-catecumenato*, em outros lugares, *catequese kerigmática* ou ainda *pré-catequese*, vivida como "proposta da Boa-Nova de acordo com uma sólida opção de fé" (DGC, 62).

Quando se remete ao contexto sociorreligioso, percebemos que muitas pessoas, tomadas pelas experiências de um mundo plural e secularizado, possam apresentar alguns sintomas já previstos nesse Diretório, como o abandono da prática religiosa regular, a busca frenética por "gurus da fé" e pseudorreligiosos, bem como uma rotina diária desprovida de elementos religiosos, como se Deus não existisse. O remédio, como na experiência de Medellín, é buscar uma catequese evangelizadora, autenticamente evangélica e com uma linguagem adaptada às transformações culturais. Essa catequese quer, por excelência, educar os cristãos em sua identidade de batizados, crentes e membros da Igreja e, a partir dela, abrir-se ao diálogo com o mundo. Além de recordar os "elementos fundamentais da fé, estimula-os a um real processo de conversão, aprofunda neles a verdade e o valor da mensagem cristã diante das objeções teóricas e práticas, ajuda-os a discernir e a viver o Evangelho no cotidiano, torna-os aptos a dar razão da esperança que está neles, encoraja-os a exercitar sua vocação missionária, por meio do testemunho, do diálogo e do anúncio" (DGC, 194).

No início do ano de 2013, pouco antes de renunciar, o papa Bento XVI, por meio da carta apostólica *Fides per Doctrinam*, transfere a competência sobre a Catequese da Congregação para o Clero para o Pontifício Conselho para a Promoção da Nova Evangelização, criado em 2013. E, nesse período, já se pensava em uma nova edição do diretório para a comemoração dos vinte anos do Diretório Geral para a Catequese. Após inúmeras prorrogações e discussões, em 25 de junho de 2020, por meio das mídias digitais e pela impossibilidade de um encontro presencial no início da pandemia do COVID-19, o referido Conselho publicou o *Diretório para a Catequese* que traz, entre outros destaques, o desafio da cultura digital e a globalização da cultura. Como se vê, "ele representa uma etapa ulterior na renovação dinâmica que a catequese está realizando" (DC, 16), diante de muitos passos significativos que as conferências episcopais foram dando na renovação catequética desde o Sínodo dedicado a esse tema.

Um novo diretório foi preparado frente à distância do último publicado, a forte influência da internet na vida das pessoas e uma razão de ordem teológica e eclesial: a necessidade de reafirmar o espírito sinodal da Igreja e os últimos temas que foram trabalhados[4]. É dividido em doze capítulos,

---

3 Na atual reforma da Cúria Romana, operada pelo papa Francisco, especialmente na Constituição Apostólica Praedicar Evangelium (2022), a antiga Congregação para a Evangelização para os Povos (*Propaganda Fide*) e o Pontifício Conselho para a Promoção da Nova Evangelização fundem-se, agora, no Dicastério para a Evangelização, presidido diretamente pelo Romano Pontífice.

4 "Em 2005, o Sínodo sobre a Eucaristia, fonte e ápice da vida e da missão da Igreja; em 2008, A Palavra de Deus na vida e na missão da Igreja; em 2015,

agrupados em três partes: a catequese na missão evangelizadora da Igreja, o processo da catequese e a catequese nas Igrejas Particulares. Nos capítulos I e II se concentram as ideias mais reforçadas sobre a dimensão do anúncio da fé em meio à mutação que perpassa a comunidade cristã. Amparado no novo impulso missionário promovido pelo papa Francisco, o Diretório fala claramente da necessidade de uma "pastoral do primeiro anúncio", em um movimento metodológico de propor e não impor a fé, de forma espontânea, como traziam os franceses[5] nas décadas precedentes: "esse espontâneo impulso missionário deve ser sustentado por uma autêntica e própria *pastoral do primeiro anúncio*, capaz de empreender iniciativas para, de modo explícito, propor a Boa Notícia da fé, manifestando concretamente a força da misericórdia, coração do Evangelho, promovendo a inclusão daqueles que se convertem na comunidade eclesial" (DC, 41).

O anúncio do Evangelho – lembra o Diretório no número 57 – não se limita a um momento específico, mas a toda a catequese, como dimensão constitutiva. Essa proposição

---

A vocação e a missão da família na Igreja e no mundo contemporâneo; em 2018, Os jovens, a fé e o discernimento vocacional. Como se pode observar, em todas essas assembleias, repetem-se algumas constantes que tocam de perto o tema da evangelização e da catequese, o que se pôde verificar pelos documentos que se lhes seguiram. De modo mais particular, é forçoso referir-nos a dois acontecimentos que, de forma complementar, marcam a história desta última década no que se refere à catequese: o Sínodo sobre a Nova evangelização e a transmissão da fé, em 2012, com a consequente Exortação apostólica do Papa Francisco *Evangelii Gaudium*, e o vigésimo quinto aniversário da publicação do Catecismo da Igreja católica, ambos tocando diretamente a competência do Conselho Pontifício para a Promoção da Nova Evangelização" (FISICHELLA, R., Igreja lança novo diretório para a catequese depois de 23 anos).

5 *Proposer la foi dans la société actuelle* (Propor a fé na sociedade atual) foi uma carta da Conferência Episcopal Francesa, datada de 9 de novembro de 1996, que já acenava para alguns desafios que a iniciação cristã enfrentaria no novo milênio. Adiante falaremos mais sobre este novo cenário catequético.

é retirada quase que literalmente das palavras de Francisco, porque, "ao designar-se como 'primeiro' esse anúncio, não significa que ele se situa no início e que, em seguida, se esquece ou substitui por outros conteúdos que o superam; é o primeiro em sentido qualitativo, porque é o anúncio principal, aquele que sempre se tem de voltar a ouvir de diferentes maneiras e aquele que sempre se tem de voltar a anunciar, duma forma ou doutra, durante a catequese, em todas as suas etapas e todos os seus momentos" (EG, 164).

Dessa forma, não se reduz o primeiro anúncio a uma mensagem comunicada, mas a "uma partilha que vem de Deus, e comunicação da alegria de ter encontrado o Senhor" (DC, 68). Nesse rápido percurso por meio dos diretórios de catequese faz-nos concluir que um novo paradigma vem despontando na dimensão catequética e iniciática da fé. Busquemos mais sinais concretos nesse cenário transformador.

CAPÍTULO 2

# Ir ao coração da fé!

Na cultura bíblica hebraica, a palavra correspondente ao coração – *lev* (לב) – representava o ser interior da pessoa e a atividade psíquica passaria por vários órgãos do corpo humano. Muitos na Antiguidade desconheciam as funções fisiológicas do coração; no entanto, as reações emocionais eram facilmente percebidas. É nesse sentido que a linguagem científico-moderna se difere da bíblica[1] e no coração, como centro principal de toda a atividade do corpo, está a inteligência, vontade, o desejo, discernimento, a sabedoria e o conhecimento humano.

Em outra pesquisa (MACHADO, 2016, p. 6-14), foi recordada a importância que dois Sínodos dos Bispos tiveram para buscar novos caminhos de evangelização: um sobre *A evangelização no mundo moderno* (III Assembleia Ordinária, de 27 de setembro a 26 de outubro de 1974) e outro sobre *A Nova Evangelização para a transmissão da fé* (XIII

---

1 "O coração é especialmente importante na religião bíblica. O mistério do eu escondido é plenamente conhecido por Deus e por Cristo (Jr 17,10, Lc 9,47, Rm 8,27 e por todo), e o coração é o lugar do nosso conhecimento de Deus (2Cor 4,6). O estado de coração governa a visão de Deus (Mt 5,8). Do coração fala-se a Deus (Sl 27,8). O coração é o lugar da habitação divina (2Cor 1,22; Gl 4,6; Ef 3,17). Por outro lado, o mal moral no coração é visto na perspectiva bíblica como pecado contra Deus. Os corações sem sentido são escurecidos, muitas vezes secretamente idólatras, longe de Deus, "não está certo" diante de Deus (Dt 29,18, 19; Mt 15,8; At 8,21; Rm 1,21). No entanto, o Senhor não desprezará um coração quebrantado e contrito (Sl 51,17)" (BIBLIOTECA BÍBLICA, *Coração*).

Assembleia Ordinária, de 7 a 26 de outubro de 2012). No primeiro caso, São Paulo VI via que a Igreja – nascendo para evangelizar – urgia levar Cristo e seu Evangelho ao coração do mundo, como naquela manhã de Pentecostes: "consciente de seu dever de pregar a todos a salvação e sabendo que a mensagem evangélica não é reservada a um pequeno grupo de iniciados, de privilegiados ou de eleitos, mas destinada a todos, a Igreja assume como sua própria a angústia de Cristo diante das multidões errantes e prostradas 'como ovelhas sem pastor'" (EN, 57).

E repetidamente o Magistério nos lembra que não caminhamos sozinhos, porque por meio "do Espírito Santo, o Evangelho penetra no coração do mundo, porque é ele que faz discernir os sinais dos tempos, os sinais de Deus, que a evangelização descobre e valoriza no interior da história" (EN, 75). Essa é a provocação para uma "Igreja em saída missionária" que, em muitos lugares, sofre o mal do comodismo, da ilusão do retorno da cristandade, da centralidade paroquial e acaba por "enferrujar" a dinâmica missionária eclesial. Essa situação pela qual passamos é fruto também do "coração angustiado" do homem moderno. E isso fora percebido durante o sínodo sobre a evangelização. Em relação ao homem, aponta Francisco: "o medo e o desespero apoderam-se do coração de inúmeras pessoas, mesmo nos chamados países ricos. A alegria de viver frequentemente se desvanece; crescem a falta de respeito e a violência, a desigualdade social torna-se cada vez mais patente. É preciso lutar para viver, e muitas vezes viver com pouca dignidade" (EG, 52). Em relação à cultura, traz seu diagnóstico pontual, porque "esta mudança de época foi causada pelos enormes saltos qualitativos, quantitativos, velozes e acumulados que se verificam no progresso científico, nas inovações tecnológicas e em suas rápidas aplicações em diversos âmbitos da natureza e da vida. Estamos na era do conhecimento e da informação, fonte de novas formas de um poder muitas vezes anônimo (EG, 52).

Dito isto, em meio a tantas cortinas de fumaça que podem descaracterizar a mensagem de salvação que a Igreja oferece, é preciso partir do coração do Evangelho para alcançar o coração do mundo, pois todas as "verdades reveladas procedem da mesma fonte divina e são acreditadas com a mesma fé, mas algumas delas são mais importantes por exprimir mais diretamente o coração do Evangelho. Nesse núcleo fundamental, o que sobressai é a beleza do amor salvífico de Deus manifestado em Jesus Cristo morto e ressuscitado (EG, 36). É evidente que, diante de tantos desafios, faz-se necessário recuperar algo que até então sempre se deu por experimentado e vivido no dado da fé cristã, apresentado brilhantemente pelo teólogo espanhol Xavier Morlans (1949): o primeiro anúncio, para ele, o elo perdido[2]. E é nesse reduto teológico que encontramos uma carta pastoral da Conferência Episcopal da França, dirigida a todo o povo de Deus, após duas assembleias anuais, intitulada *"Aller au coeur de la foi. Questions d'avenir pour la catéchèse"* (Ir ao coração da fé. Questões de futuro para a catequese)[3]. Nessa ocasião, os bispos franceses escreveram

2 MORLANS, X., El primer anuncio: el eslabón perdido. Madrid: PPC, 2009.

3 Essa carta foi compilada junto a outros textos catequéticos na Europa por Donaciano Martínez, Pelayo González e José Luis Saborido e publicado pela editora Sal Terrae na coleção "Recursos Catequéticos, em 2005, com o título *Proponer la fe hoy. De lo heredado a lo propuesto*. É um texto essencial para o tema em questão porque recolhe as diversas impressões e desafios catequéticos de outros países que, embora distintos eclesialmente, apresentam desafios semelhantes na nova evangelização em uma cultura global.

em Lourdes uma *Carta ao Povo de Deus*, mostrando que o caminhar juntos no discipulado se faz como na noite da Vigília Pascal, das trevas à luz, da noite escura de tristeza duvidosa à noite de alegria verdadeira, com a presença do Ressuscitado no meio de nós.

A oração, a meditação e o diálogo são os dispositivos de espiritualidade para a missão da Igreja, nos quais já se falava em superar as velhas cristandades em vistas de voltar à novidade da fé, como na noite santa pascal. Se a catequese, objetivamente, promove o encontro com Cristo, inserindo os convertidos no seio da Igreja, Corpo de Cristo, a "Eucaristia pascal aparece como a fonte e cume de toda verdadeira evangelização: na noite entre o sábado e o domingo, a Igreja celebra a Páscoa de Cristo, sua passagem da morte para a vida para fazer nascer uma humanidade nova, vivendo sua própria vida com a força da Espírito Santo. [...] Sigamos ao coração da fé!" (MARTINEZ, 2005, p. 205-206). Essa percepção também é compartilhada em outras situais eclesiais, como lembravam os bispos de Quebec, sugerindo que os itinerários catequéticos buscassem sua fonte, que "é mais que conduzir para umas crenças ou ser introduzido em um sistema. É, sobretudo, tratar de revelar a experiência espiritual que nasce da vida, que surpreende, que faz sentir o essencial, que deserta, que se põe no caminho, que se faz viver" (MARTINEZ, 2005, p. 19).

Nessa situação, Martin Velasco sugere que um novo paradigma se apresenta à catequese, diante das transformações sociais que exigem uma revisão por parte da Igreja no que toca à transmissão da fé. Os dados apresentados da Igreja na França, por exemplo, há décadas, refletem relativamente o que se vê hoje no Brasil de forma mais clara. Uma multidão de jovens e adolescentes que recebem os sacramentos e desaparecem da vida comunitária revelam a precariedade dos métodos que temos utilizado para a evangelização. Na Alemanha se dizia que "parece que a catequese sacramental se limita a suscitar simpatias ou a ser um fenômeno definido às vezes como 'diaconia dos ritos ligados à biografia da pessoa" (MARTINEZ, 2005, p. 93).

Em contrapartida, milhares de adultos têm anualmente buscado as comunidades e paróquias para entrar no catecumenato[4], com o desejo de viver fielmente o que a Igreja pede em seus ensinamentos. Essa busca crescente de adultos mostra que nas "atuais circunstâncias de evangelização, segue sendo possível outra forma de transmissão que a da inculturação sociorreligiosa, mais de acordo com a natureza da fé que se prende transmitir" (VELASCO, 2002, p. 70). E conclui, ainda, como resposta a tantos desafios internos latentes entre grupos eclesiais: "evidentemente seus resultados não serão a cristianização massiva de toda a sociedade. Só que, sendo sinceros, tal cristianização massiva tem sido alguma vez outra coisa que uma ilusão ou um engano?" (VELASCO, 2002, p. 70).

---

4 Aqui se entende o catecumenato como a busca da Igreja católica desde o Concílio Vaticano II de se inspirar no catecumenato antigo dos primeiros séculos, como um método seguro para iniciar na fé de adultos, crianças e jovens. Assim prescreve o decreto *Ad Gentes* no número 14: "Aqueles que: receberam de Deus por meio da Igreja a fé em Cristo, sejam admitidos ao catecumenado, mediante a celebração de cerimônias litúrgicas; o catecumenado não é mera exposição de dogmas e preceitos, mas uma formação e uma aprendizagem de toda a vida cristã; e prolongada de modo conveniente, por cujo meio os discípulos se unem com Cristo seu mestre. Por conseguinte, sejam os catecúmenos convenientemente iniciados no mistério da salvação, na prática dos costumes evangélicos, e com ritos sagrados, a celebrar em tempo sucessivos, sejam introduzidos na vida da fé, da liturgia e da caridade do Povo de Deus".

No início do terceiro milênio, a Conferência Episcopal Alemã já falava de um paradigma iniciático missionário que deveria substituir o já desgastado e ineficaz método pedagógico: "é provável que em nossa geração está perdendo uma forma de se fazer cristão: a forma da transmissão da fé cristã de tipo preferentemente pedagógico, que tem sido dominante desde o começo da Reforma ou da Contrarreforma [...]. agora estamos entrando num tempo que há de se transmitir a fé cristã de um modo missionário e evangelizador na sucessão das gerações (MARTINEZ, 2005, p. 93).

A eleição e configuração do mundo vital das novas gerações exige muito mais na hora de erguer suas prioridades no mundo plural vigente, por isso a fé cristã acaba sendo uma entre tantas vozes que buscam mostrar sua plausibilidade no "concerto polifônico de ofertas", recordam os bispos alemães. Por um acaso, outro alemão, em Roma, lembraria que se pode amenizar a confusão dessa polifonia com outra, a sinfonia da Palavra, "uma Palavra única que se exprime de diversos modos: 'um cântico a diversas vozes'. [...] Além disso, se no centro da revelação divina está o acontecimento de Cristo, é preciso reconhecer que a própria criação, o *liber naturae*, constitui também essencialmente parte dessa sinfonia a diversas vozes na qual Se exprime o único Verbo" (VD, 7). Deus comunica sua Palavra pela boca dos profetas por toda a história da salvação "e tem sua plenitude no mistério da encarnação, morte e ressurreição do Filho de Deus. E Palavra de Deus é ainda aquela pregada pelos Apóstolos, em obediência ao mandato de Jesus Ressuscitado: 'Ide pelo mundo inteiro e anunciai a Boa-Nova a toda a criatura' (Mc 16,15). Assim a Palavra de Deus é transmitida na Tradição viva da Igreja" (VD, 7).

É nessa sinfonia do Verbo feito carne que se busca beleza, mística e harmonia, em tempos de tantos ruídos. A mudança de paradigma eclesial passa por essa sensibilidade espiritual que muitos santos tiveram também em seu tempo. Ao falar da juventude da Igreja, papa Francisco retoma o que diziam os padres sinodais sobre muitos santos profetas em sua juventude e que "fizeram brilhar, em toda a sua beleza, as características da idade juvenil e foram, em seu tempo, verdadeiros profetas da mudança; seu exemplo mostra do que os jovens são capazes, quando se abrem ao encontro com Cristo" (SÍNODO DOS BISPOS, 2019, n. 65). O Pontífice recorda também que o gnosticismo[5] e o pelagianismo[6] retornam hoje, sorrateiramente, com suas vestes cintilantes e arraigadas de antropocentrismo, tornando-se inimigos sutis para a santidade. E desabafa quando

5 O gnosticismo designa as seitas que se proliferaram no mundo antigo entre os séculos II e IV, sendo combatidos pelos teólogos deste período. Este movimento religioso se caracterizava por oferecer a salvação mediante o conhecimento secreto dos mistérios de Deus e do homem, misturando religiões orientais, um pouco de tradição veterotestamentária e a filosofia helenista. Na Patrística tomou-se conhecimento destes grupos e o perigo para a fé cristã e, em contrapartida, apresentavam o verdadeiro gnóstico: o cristão, que se deixa transformar pelo conhecimento de Deus adquirido pelas Sagradas Escrituras e pela Tradição Apostólica. Papa Francisco, em sua exortação apostólica, descreve-os atualmente como uma "vaidosa superficialidade", onde se quer colocar a inteligência humana no lugar do mistério divino (PIKASA, X., Dicionário Teológico o Deus Cristão, p. 376-379).

6 O pelagianismo foi um movimento inspirado nas pregações do monge britânico Pelágio, no final do século IV da era cristã. A ideia era que, por meio do livre-arbítrio, o homem poderia alcançar a santidade por meio do seu esforço pessoal. Dessa vez, o mistério é esvaziado para ser preenchido pela vontade humana. Santo Agostinho e outros lutaram para combater esta heresia em favor da graça divina, tema amplificado em diversos concílios e sínodos. Papa Francisco alerta aqui e em diversas ocasiões de seu pontificado, que corremos o perigo de normalizar grupos que se esvaiam, confiando a salvação divina à estrutura meramente humanas, incapazes de acolher a novidade do Espírito (SENÈZE, N., *Pelagianismo*).

os esforços dos cristãos católicos, que deveriam voltar-se à caridade evangélica, mostram-se robustos nas facetas de obsessão pela lei, na ostentação litúrgica, na vaidade política ou na realização autorreferencial: "é nisto que alguns cristãos gastam suas energias e seu tempo, em vez de deixarem guiar pelo Espírito no caminho do amor, apaixonarem-se por comunicar a beleza e a alegria do Evangelho e procurarem os afastados nessas imensas multidões sedentas de Cristo (Gex, 57).

Além de um novo modelo de cristão e um novo tipo de comunidade, Alberich completa que, em um novo paradigma catequético, se faz necessário também um "novo projeto de Igreja", sobretudo ao revisitar a experiência do último concílio ecumênico. Para ele, "a crise de credibilidade da instituição eclesial e a desafeição para com a Igreja, sobretudo dos jovens, reclamam com insistência uma profunda reforma da instituição, na perspectiva eclesiológica do Vaticano II" (ALBERICH-SOTOMAYOR, 2011. p. 36). Para isso, completa, logo em seguida, revelando esse novo rosto eclesial com rasgos inconfundíveis com temas de grande envergadura: a primazia da fraternidade e da comunhão, uma atitude desinteressada de serviço ao Reino no mundo, a conhecida opção preferencial pelos pobres, uma séria reforma institucional e a superação do clericalismo, o reconhecimento das Igrejas particulares e dos carismas laicais, bem como a eliminação das discriminações intraeclesiais.

Esse novo paradigma missionário, que sugerem os bispos alemães, é apresentado pela Associação Espanhola de Catequese (AECA) como um "novo giro copernicano", em sua terceira fase. Metodologicamente, um primeiro giro teria acontecido no início do cristianismo, no século II, em que foi preciso criar um projeto de iniciação que acompanhasse o grande número de pagãos que decidiam abraçar a fé cristã. Assim nasceu o *Catecumenato*[7] que, nesse período, chegava a durar até sete anos, com catequeses e celebrações. O princípio fundamental dessa fase era dizer que a formação cristã precedia o batismo. Mais tarde, no fim do Império Romano do Ocidente, o cristianismo se tornaria religião oficial, e o catecumenato foi se tornando insustentável diante do novo modelo iniciático imposto pelos governantes: o modelo de cristandade, que perdurou até nossos dias, em que a transmissão da fé acontecia por reprodução sociológica, marca registrada de um segundo giro. Mesmo com variantes de renovação catequética após a reforma católica no Concílio de Trento (1545-1563), o critério dos batizados em massa ainda perdurava. Hoje, diante do que já foi exposto, este novo milênio exige uma nova postura, e nos encontramos diante de um terceiro giro, "uma nova situação cultural e em um ambiente pós-cristão. Não se trata de repetir modelos anteriores, ainda que deles devemos aprender. Necessitamos de uma nova evangelização. E, dentro desta,

---

7 De origem grega *katechéin*, que significa "fazer ressoar", o catecumenato é a experiência que se faz em ser iniciado na Palavra de Deus, sendo instruído pelo catequista, um discípulo já iniciado. Sua instituição eclesial na história da Igreja foi cristalizada no século III, servindo como iniciação aos adultos recém-convertidos que se preparavam para receber os sacramentos. Mas, ainda que tardio, o catecumenato acolhe a herança do processo de evangelização herdado da era apostólica e, desta maneira, entendemos a inspiração da qual a Igreja tomou no século XX para recuperá-lo. Esta experiência primitiva teve seu ápice no século IV quando, com a chegada do tempo da cristandade – e com ela, a predominância da massificação, do cultualismo e da fixação infantil da catequese – foi sendo reduzida até seu desaparecimento, no século seguinte. A restauração do catecumenato, feita durante o Concílio Vaticano II, também levou à inspiração catecumenal de toda a catequese nas décadas seguintes (SAÉS, J., Catecumenato e inspiração catecumenal. In: PEDROSA, V., Dicionário de Catequética, p. 124-133).

necessitamos de uma nova catequese iniciática que tem de ser missionária – própria dessa nova evangelização e não de uma pastoral de cristandade – e plural no seio de um marco iniciático comum" (AECA, 2009, p. 35).

Segundo estes catequetas, quem provocou esse terceiro giro paradigmático foi o Concílio Vaticano II. De fato, a reforma conciliar é para toda a Igreja e afeta diretamente a catequese e a iniciação cristã. Como se vê, o "objetivo, de toda ação catequética é a fé e, para conseguir esse objetivo, é necessária a formação ou instrução catequética. Ou seja, a fé é o objetivo, e a instrução catequética é um meio que há de ajudar a alcançá-lo. Essa perspectiva é radicalmente nova" (EQUIPO EUROPEO, 2009, p. 43). Mas o que percebemos, sinceramente, é que o concílio ainda não foi totalmente assimilado e, no que toca a esse processo, grande parte da culpa se dá pela insistência em modelos passados ineficazes. Porque até agora "se dava por suposto que os destinatários tinham fé e que somente era necessário formar a referida fé com os conteúdos mais adequados, fundamentando uma fé já existente. Creio que o Concílio dá um giro copernicano que, todavia, não se tem assumido na Igreja, talvez pela inércia dos modelos passados (EQUIPO EUROPEO, 2009, p. 43).

Ademais, nas grandes instituições educacionais – família, escola e igreja – a transmissão religiosa em nossa cultura não tem desaparecido, mas sim, tem se transformado. A religião não é mais herdada, mas um objeto de "reapropriação pelo indivíduo que pode desembocar em situações diferentes, tais como a ruptura definitiva, o restabelecimento condicional, a continuidade de sua relação com a instituição religiosa ou a eleição de um itinerário inteiramente pessoal" (VELASCO, 2002, p. 59). E nesse ponto recai, mais uma vez, nossa atenção quanto à eficácia dos métodos para a evangelização, porque o "exemplo é substituído em grande medida pela experiência pessoal, convertida na norma predominante que legitima a eleição de uma orientação ética ou religiosa, devido a que "um valor ou uma crença, para ser assumidos, devem haver sido previamente apreciados, degustados e julgados úteis" (VELASCO, 2002, p. 59).

É por isso que a mudança de época vigente exige uma reformulação pastoral na compreensão do primeiro anúncio da fé. Primeiro, porque o mundo cristão não se divide mais nas categorias de países que, de um lado, enviam missionários para terra distantes e, de outro, que apenas acolhem estes enviados. Segundo que, por consequência, não distinguimos mais os chamados países cristãos daqueles que são chamados de "terra de missão", diante da pluralidade global geopolítica. E, terceiro, a insuficiência da transmissão da fé no núcleo familiar tem obstaculizado enormemente o trabalho da catequese tradicional. É preciso ter em consideração que o primeiro anuncio foi despojado do conhecido contorno exótico das terras longínquas. Sim, porque "hoje nenhuma comunidade cristã pode ignorar o fato de que no mesmo bairro e cidade vivem grupos inteiros e categorias de pessoas que não conhecem a Cristo. As grandes cidades e o mundo dos jovens se converteram em terra de missão" (GEVAERT, 2001, p. 14).

Morlans – aparentemente pessimista – sugere a metáfora do *eslabón perdido* para mostrar sua angústia diante do primeiro anúncio na nova evangelização. Ele apresenta uma definição bastante completa sobre o assunto. Entende-se como *primeiro anúncio* a atividade ou o conjunto de atividades que tem como meta "propor a mensagem nuclear do Evangelho àqueles que não conhecem Jesus Cristo, àqueles que havendo conhecido se afastaram dele, e àqueles que crendo que já O conhecem suficientemente vivem uma fé cristã rotineira, com a intenção de suscitar em todos eles um interesse por Jesus Cristo que possa levar a uma primeira adesão ou a uma revitalização da fé nele" (MORLANS, 2014, p. 29).

Para evitar alguma confusão terminológica, outros, como o ex-presidente da Equipe Europeia de Catequese, Ir. Enzo Biammi (1952), denominou esse esforço da Igreja em reavivar a fé dos que estão afastados e desanimados como "segundo anúncio" ou um segundo "primeiro anúncio da fé". Essa atividade missionária implica, segundo o religioso, em uma dupla problemática nas comunidades e paróquias: "por uma parte, trata-se de fazer com que os crentes (mais ou menos crentes) voltem a descobrir a novidade profunda do Evangelho, a não dá-la por suposta e voltar constantemente ao 'primeiro amor', ao 'primeiro assombro'" (BIEMMI, 2013, p. 51). E depois acrescenta que, outra parte, "é necessário sair ao encontro dos que se afastaram da fé por diversas razões: esquecimento, abandono, hostilidade, separação física, experiências negativas com a Igreja e seus representantes, influxo de outras culturas ou religiões" (BIEMMI, 2013, p. 52).

Diante de um cenário que exige um enorme esforço da Igreja em preparar os discípulos de Cristo para essa missão, Biemmi fala de três regras de ouro deste *segundo anúncio*, já que, nascendo para evangelizar, a Igreja continua mostrando ao mundo e às pessoas que nele vivem que o Evangelho é uma promessa de vida boa, que transforma a vida das pessoas, a convivência entre os cidadãos e a cultura. A primeira regra insiste em que fujamos das estatísticas de *marketing*, de grandes resultados em larga escala. O anúncio cristão precisa ser recebido como dom e surpresa, na alegria de encontrar Jesus, e não na quantidade de papéis, ritos e programas que se realizam. Uma segunda regra é provocar uma experiência de despertar da fé que suscite a maravilha do amor de Deus por nós, cuidando para não cair em exigências morais e radicais da fé. Esse não é o momento de tratar sobre isso, deixando as pessoas ainda mais arredias à fé. A vivência cristã é assumida durante a caminhada, conscientemente. E a terceira regra vai muito na direção do binômio fé-vida, consagrado no documento brasileiro *Catequese Renovada*, porque se pede para observar o rosto generoso do Evangelho, que transforma a vida das pessoas, em todas as suas dimensões, não somente a religiosa e a ritual (BIEMMI, 2013, p. 122).

Retomar e recolocar o primeiro anúncio em nossa cultura é refletir e, principalmente, executar um projeto de evangelização do qual se conheça, previamente, que a fé alimentada nos últimos séculos, de herança sociológica, tinha por excelência o crescimento da fé. Hoje nossa práxis pastoral carece de metodologias catequéticas que propiciem o nascimento da primeira fé que, mesmo recebendo o selo batismal, pode permanecer adormecida. Aqui se aplica a metáfora do "elo perdido" de Morlans, porque o ato comunicativo do primeiro anúncio exige uma mudança muito radical na vivência pastoral, o que pode se tornar desanimador e desesperador. Como contracorrente aos ventos que sopram sobre a barca da Igreja, esse ato comunicativo do primeiro anúncio da fé se caracteriza:

a) por uma breve intervenção oral que possa mover a vontade de quem escuta, na liberdade do destinatário;

b) de uma atitude de quem anuncia em propor ao destinatário nenhuma convicção firme de fé, mas dialogar primeiramente;

c) de um despertar no destinatário, antes da fé, por alguma experiência antropológica que o mova para o divino;

d) com um anúncio que se faz de forma sintética e quase espontânea, sem recorrer a teses bíblicas e doutrinas teológicas;

e) esse anúncio, por mais que seja curto e sintético, precisa provocar uma mudança mental muito forte no destinatário, pensando no ritmo de vida que precisa ser transformado com ele;

f) e de um interlocutor – que antecede a figura do catequista – que não sabe se encontrará novamente seu ouvinte, por isso a responsabilidade de não perder a oportunidade, a hora da graça (MORLANS, 2009, p. 31).

A tese que o espanhol sustenta é que, na verdade, não teríamos um elo perdido, mas um novo elo sendo forjado diante dos sinais que temos experimentado durante toda esta pesquisa. Da parte de quem evangeliza[8], pelo menos três elementos são basilares: o (a) testemunho de vida do crente, o (b) serviço por meio de gestos concretos e o (c) anúncio explícito da pessoa de Jesus Cristo (CELAM, 2015, n. 52-55). Por isso que "evangelizar é, em primeiro lugar, dar testemunho, de maneira simples e direta, de Deus revelado por Jesus Cristo, no Espírito Santo" (EN, 26). E, da mesma forma, complementa São Paulo VI sobre a pregação e a proclamação verbal de uma mensagem que "permanece sempre como algo indispensável. Nós sabemos bem que o homem moderno, saturado de discursos se de-

8 Alguns trechos e ideias foram retirados de um texto preparatório desta pesquisa, aprovado pelo CELAM com o título *Primer Anuncio y acción evangelizadora: del corazón del Evangelio al corazón del mundo* e publicado como artigo no periódico brasileiro *Revista de Catequese*, n. 148, de jul/dez de 2016, p. 6-14.

monstra muitas vezes cansado de ouvir e, pior ainda, como que imunizado contra a palavra" (EN, 42).

Avançando na compreensão, Francisco descreve esse anúncio querigmático como um convite ao encontro pessoal com a Trindade: "o querigma *é trinitário. É o fogo do Espírito que se dá sob a forma de línguas e nos faz crer em Jesus Cristo, que, com* sua morte e ressurreição, revela-nos e comunica a misericórdia infinita do Pai"[9]. E conclui deixando claro a importância desse primeiro anúncio na ação evangelizadora: "Não se deve pensar que, na catequese, o querigma *é deixado de lado em favor duma formação supostamente mais 'sólida'. Nada há de mais sólido, mais profundo, mais seguro, mais consistente e mais sábio que esse anúncio*" (EG, 165). O *kerigma* – que é um dos elementos essenciais do anúncio da fé, unido aos gestos concretos da caridade e o testemunho de quem evangeliza – não pode limitar-se ao momento inicial específico que a metodologia de inspiração catecumenal sugere nos diversos manuais publicados. O que se vê é que o tempo do pré-catecumenato equivale ao *kerigma* e que pode ainda ser sinônimo de primeiro anúncio. Os pastoralistas europeus, nesse caso, têm avançado muito no sentido de ampliar a dimensão kerigmática na vida da Igreja. Além do anúncio como adesão e dar os primeiros passos na fé, o primeiro anúncio tem um valor fundante, como espinha dorsal de toda a atividade da Igreja, como lembrou o pontífice. A Comissão Episcopal para a Doutrina da Fé italiana recordava que "a prioridade do primeiro anúncio se entende sobretudo no sentido genético e fundante: na base de todo o edifício da fé está o '*cimento... que é Jesus Cristo*' (1Cor 3,11); Ele é a '*pedra angular, eleita, preciosa, e quem crê nela não ficará decepcionado*' (1Pd 2,6). Dessa maneira se edifica o Corpo de Cristo, '*até que*

9 EG 164.

*cheguemos todos... ao estado do homem perfeito, à plena maturidade de Cristo'* (Ef 4,13 – CEI, 2005, p. 10).

Vale lembrar, ainda, que Francisco oferece, unida à dimensão querigmática e de primeiro anúncio da fé, como "cara e coroa", a experiência da iniciação mistagógica, tão querida e, algumas vezes, mal entendida no método de inspiração catecumenal adotado recentemente, e que precisa ser apresentada em duas direções: com uma "necessária progressividade da experiência formativa na qual intervém toda a comunidade e uma renovada valorização dos sinais litúrgicos da iniciação cristã" (EG, 166). Viver a metodologia catecumenal é entender que o primeiro anúncio e a mistagogia "amarram" o início e o fim dessa experiência. Ainda temos carência, em muitos materiais e no coração dos catequistas, de um anúncio querigmático que se apresente com símbolos e unido à comunidade orante, em um caminho de escuta e resposta aos apelos de Deus por sua Palavra que nos interpela.

Destacamos, portanto, após estes prolegômenos, pelo menos três funções pastorais da ação evangelizadora que se dão a partir do primeiro anúncio, dinamicamente querigmático: viver essa primeira fé como porta de entrada à vida cristã, ter esse anúncio como fundamento permanente da fé e não somente a quem não conhece a Cristo e, por último, propor esse anúncio antes como chave hermenêutica da doutrina e da moral a partir dele do que apenas como fundamento dinâmico de uma experiência cristã (MORLANS, 2014, p. 6-8).

É evidente que cada época encontra suas resistências para trilhar o caminho da fé. O mundo plural pós-moderno também tem as suas, onde a teologia fundamental também apresenta suas problemáticas quanto à imagem divina e a consciência humana (FOSSION, 2015, p. 59-75): a de um *Deus incerto*, onde se põe em questão a influência de um ser superior no dia a dia das pessoas, levando a um ateísmo prático; a de um *Deus improvável*, porque se cria uma resistência à fé alimentada pela razão científica, herdada do Iluminismo, onde as verdades de fé são consideradas apenas como produções culturais humanas; a de um *Deus insuportável*, dado o comportamento histórico do cristianismo e da Igreja católica, vistos de forma negativa e que atravessa gerações, seja nas posturas dogmáticas, na tutela clerical ou no abuso do poder em vários momentos, provocando ressentimentos diversos; a de um *Deus indecifrável* pela parcialidade das representações religiosas na cultura atual, que acabam por fazer que as pessoas enxerguem a experiência da fé ora com equivalência entre a multiplicidade de igrejas que a oferecem "ao gosto do freguês", ora como livre interpretação individual, na qual o sentimento de pertença a uma comunidade é totalmente comprometido; e poderíamos falar de uma resistência a um *Deus irrelevante*, que o mundo atual provoca em um "dissolver de deus", dado que se vivem hoje sinais de uma humanidade sem religião e sem falar em Deus. Aquele tão natural "Vai com Deus", "Dorme com Deus", "Se Deus quiser", torna-se cada vez mais cultural e supersticioso do que, de fato, manifestação de fé do crente.

Quando falamos de recuperar, repensar e reapresentar o primeiro anúncio da fé cristã ao mundo de hoje é também refazer o caminho dos padres conciliares quando atravessaram a porta da fé com a aprovação da constituição pastoral *Gaudium et Spes*, em dezembro de 1965. Entre alegrias e esperanças, a Igreja alcança o coração do mundo com algo que pode não só transformar, mas dar vida plena aos homens e às mulheres. No entanto precisamos vencer essas resistências que são reais, e não somente ignorá-las, ao passo que podem dificultar todo projeto e o processo de evangelização. Adverte o jesuíta André Fossion (1944) que "essas resistências se revelam uma passagem obrigatória para se chegar a uma fé madura, ponderada, adulta, purificada de seus eventuais elementos que não honram nem a grandeza de Deus nem a dignidade do homem. Desse ponto de vista, as resistências com respeito à fé, mesmo se a mantém à distância ou pareçam descartá-la, podem ser um caminho de descoberta de Deus, uma via de aproximação de Deus" (FOSSION, 2015, p. 63). E, logo em seguida, não esconde seu otimismo quanto ao que virá: "é por isso que no universo do mundo contemporâneo, bizarro, colorido, cheio de contrastes, resistente à fé, sempre em dúvida e buscando como que as apalpadelas, nós podemos dizer hoje ainda, como outrora São Paulo no areópago ateniense: "na realidade, Deus não está longe de cada um de nós" (At 17,27).

CAPÍTULO 3

# O farol da fé em busca de elo perdido

O arcebispo e teólogo dom Bruno Forte (1949) apresenta uma ordem de prioridades – com três urgências – para a consciência cristã, diante dos temas que abordava em suas reflexões pastorais, desde a globalização, a recepção conciliar e o humanismo cristão. Seu pensamento vai de encontro à cultura ideológica dominante, focada no presente egoísta e com uma moral descompromissada, e argumenta que nossa esperança cristã precisa ir além do desespero e da solidão reinantes. Sobre essas urgências ele explica que "com uma terminologia ao mesmo tempo antiga e significativa para a atualidade, poder-se-ia reportá-las às três urgências da ***μαρτυρια***, da ***κοινονια*** e da ***διακονια***. Elas respondem à pergunta decisiva: como tornar operante a 'reserva escatológica' da fé cristã nos cenários do tempo que abrem o novo milênio?" (FORTE, 2003, p. 137).

Com o predomínio da prática devocional e sacramental, a pastoral no tempo da cristandade nos séculos passados foi um estilo operativo sem futuro, ressalta Alberich. Por isso o projeto missionário de uma Igreja e uma "Pastoral Evangelizadora" dependem de uma autêntica conversão eclesial que busque servir no mundo, para o mundo e ao Reino de Deus. O eixo e princípio de todo o processo evangelizador é a categoria teológica da *martyría*, do testemunho cristão, capaz de estimular uma conversão operante. Daí, é preciso revisar "a fundo as funções eclesiais (os 'signos evangelizadores': *diaconia, koinonía, martyría e liturgia*) para reequilibrar sua presença e articulação e para assegurar sua credibilidade" (ALBERICH-SOTOMAYOR, 2011, p. 61).

Um texto importante no campo teológico é o compêndio de teologia pastoral de Casiano Floristán[1] (1926-2006), porque dedica a maior parte dessa obra – quase 400 páginas! – à Teologia Prática Especial. Nela, cinco grandes blocos vão intercalando alguns destes signos: a missão, que com o anúncio (*kerigma*) prepara a evangelização, apoiada no testemunho (*martyría*), no diálogo e no compromisso político e eclesial; a catequese (*didaskalia*), que como instrução e acompanhamento prioriza a catequese com adultos e o catecumenato como metodologia; a liturgia (*leitourgía*), que como lugar de encontro com o Ressuscitado, prioriza a religiosidade popular e a hermenêutica da pregação; o tema da comunidade (*koinonía*) que trata sobre a comunhão eclesial nos âmbitos da Igreja local, das paróquias e comunidades cristãs; e, por último, o tema do serviço (*diakonia*) no amor aos mais pobres e pequenos do reino e na missão da Igreja no seio da sociedade.

A série de manuais de Teologia da *Biblioteca de Autores Cristianos* (BAC) traz também um volume dedicado à Teologia Pastoral, que na sessão "Pastoral Especial"[2] apresenta a evangelização como um processo que acontece em três etapas: pela (a) ação missionária, (b) ação catecumenal e (c) ação pastoral. Particularmente, apresenta os temas da catequese, da comunhão eclesial, do serviço e da pastoral litúrgica. Vá-

1 FLORISTÁN, C., Teología Practica. Teoría y praxis de la acción pastoral. Salamanca: Ediciones Sigueme, 1993, p. 359-722.

2 RAMOS, J., Teología Pastoral. Madrid: BAC, 2006, p. 209-231.

rios dos signos citados acima vão aparecendo vez e outra, mas diluídos nas etapas eclesiais da obra em destaque.

Dois textos que nos parecem mais completos sobre esse assunto trazem sete signos da evangelização, distribuídos de maneira semelhante. Um primeiro é o de Xavier Morlans, publicado nos cadernos da Associação Espanhola de Catequetas, um texto já citado anteriormente. Para a apresentação de seus elementos, ele alertava sobre o perigo de esvaziar a evangelização em um reducionismo, supervalorizando um ou outro elemento. O convite é não abandonar o ensinamento magisterial quanto a isso. Diante disso, "graças à grande renovação eclesial promovida pelo Concílio Vaticano I (1962-1965) e sua ampla recepção em toda a Igreja, existe já um grande consenso em que a evangelização não se pode reduzir a um só elemento, seja ele o ético, o kerigmático, o catequético, o místico individual, o comunitário, o litúrgico, o militante, ou o místico coletivo. É a sábia combinação de todos estes elementos o que assegura uma evangelização integral" (MORLANS, 2009, p. 42).

E a proposta dessa evangelização integral é apresentada em três núcleos. O primeiro deles gravita no serviço da Palavra, que começa com o primeiro anúncio da fé e desemboca na reflexão teológica, passando pela catequese sistemática. Um segundo núcleo se dá pelo serviço da Liturgia, que contempla não somente as celebrações, mas a vida de oração que se estende a partir da experiência comunitária. E um terceiro em que mostra o serviço da Caridade primeiro desde dentro, na força da comunhão eclesial, e depois para fora, no serviço de ações caritativas, educacionais e transformadoras. Como Alberich, Morlans apresentam o elemento da *martyría* como eixo que perpassa, no amor, desde o anúncio da Palavra até a caridade na busca do Reino de Deus (MORLANS, 2009, p. 33-34).

E, propositalmente, deixo por último o único texto teológico encontrado e produzido no Brasil sobre essa temática, inspirador de outro texto publicado[3] durante esta pesquisa: as ideias provocativas e sempre lúcidas do teólogo Pe. Agenor Brighenti (1952). Aos moldes dos manuais de teologia europeia, ele também agrupa os temas da teologia prática em Teologia pastoral fundamental, Teologia pastoral especial e Teologia pastoral aplicada, tentando responder, respectivamente, o "porquê", o "que" e o "como" da pastoral. Na segunda sessão, de forma bem semelhante ao esquema de Morlans, Brighenti articula a ação pastoral desde a *tria munera Ecclesiae*, do povo de Deus que participa no *triplex múnus Christi*, impulsionada pela reflexão da constituição dogmática *Lumen Gentium* – documento sobre a Igreja, aprovado durante o Vaticano II –, quando se fala da universalidade do povo de Deus: "Para isso mandou Deus seu Filho, a quem constituiu herdeiro de todas as coisas, para ser o Mestre, o Rei e o Sacerdote de todos, a cabeça do povo novo e universal dos filhos de Deus" (LG, 13). Esse esquema refere-se à missão de Cristo, confiada aos apóstolos e, por consequência, a toda a Igreja, sendo refletido desde a Patrística, na busca de uma teologia dos ministérios pastorais.

---

3 Em participação do XVIII Simpósio Internacional IHU, com o tema "A virada profética de Francisco. Possibilidades e limites para o futuro da Igreja no mundo contemporâneo", em Porto Alegre (RS), de 21 a 24 de maio de 2018, foi apresentado nas salas de debate o artigo "A força dos signos evangelizadores no limiar de uma nova época: o sonho primaveril numa Igreja em saída", que marcava o quinto aniversário do pontificado de Francisco e seu 80° aniversário natalício. Posteriormente, numa partilha com os membros da ASLI (Associação dos Liturgistas do Brasil), o texto foi publicado pela editora Paulus no segundo volume da coleção *Atualização Litúrgica*, em 2019.

> *A visualização da ação pastoral de todos os cristãos, a partir do tríplice ministério, é um dos passos mais importantes levados a cabo pela renovação teológico-pastoral impulsionada pelo Vaticano II. Hoje, tornou-se pacífico ver a ação da Igreja como um todo no tríplice ministério e na ordem protestante: o ministério profético, enquanto o serviço da Palavra em todos os níveis: evangelização, catequese e homilia (incluído, aqui, o papel do magistério); o ministério litúrgico, enquanto celebração dos mistérios cristãos: os sacramentos e a liturgia das horas (incluído o sacerdócio hierárquico); e o ministério da caridade, enquanto serviço da promoção da vida no mundo: a pastoral social, a organização e a direção eclesial – incluído o poder de jurisdição (BRIGHENTI, 2014, p. 72).*

Esse itinerário pastoral é bastante interessante e nele já contemplamos os diversos signos ou sinais evangelizadores que nos apontam o caminho da fé, como faróis que iluminam quando a noite chegar. Esse tríplice ministério, acolhido primeiro na Reforma Protestante e, mais tarde, na pastoral católica, constitui um todo inseparável e integra a vocação de cada batizado. É o "primeirear" que sempre vem da parte de Deus, em direção aos homens, pois "sua Palavra (ministério profético), acolhida na vida pelo dom da fé (ministério litúrgico), leva-nos a amar a Deus nos irmãos (ministério da caridade). Mas a porta da acolhida da Palavra e para a fé é o amor, que é o próprio Deus, que nos amou primeiro e, portanto, está com sua graça no começo de tudo" (BRIGHENTI, 2014, p. 72).

E com estes modelos pastorais apresentados, escolhe-se esse último pela riqueza teológica e metodológica apresentada. Nesse triplex, o ministério profético recolhe os signos da *martyría* (testemunho), do *kerigma* (anúncio), da *didaskalia* (catequese) e da *krisis* (teologia); já o ministério litúrgico contempla o signo da *leitougía* nas celebrações, nos sacramentos e na pregação; e o ministério da caridade compreende a *koinonía* (comunhão) e a *diakonía* (serviço). E para efeitos de delimitação da pesquisa e do projeto executado, a intenção aqui é explicitar apenas o primeiro grupo destes ministérios, o profético. Ainda que se reforce a ideia da unidade ministerial, o primeiro grupo corresponde mais diretamente ao curso natural da iniciação à vida cristã e à formação de discípulos missionários que, claro, sempre se alimentam dos demais elementos eclesiais apresentados.

A Igreja, como escola de sabedoria cristã, quer oferecer ao mundo, por meio de cada um destes sinais, algo realmente significativo, como no tão sonhado projeto de São Paulo VI, de uma civilização do amor. De fato, "se a Igreja quiser aprender algo da sinagoga, da qual ela se emancipou no passado, a lição é esta: tornar-se um *lugar de aprendizado* (e certamente também de oração, da celebração e da diaconia) e *estudar* com paciência até ela amadurecer para a tarefa que lhe foi confiada por Cristo: Ide e instruí todas as nações (HALÍK, 2018, p. 48).

Como se vê, a imagem do elo perdido de Morlans nos faz pensar em uma cadeia ou em um conjunto articulado de elementos que, quando bem preparados, funcionam como bons condutores para que a evangelização seja, de fato, real, ativa, dinâmica e com frutos diversos a seu devido tempo.

### a) A martyría como eixo processual

É emblemático o eco que se faz da intervenção de São Paulo VI: "o homem contemporâneo escuta com melhor boa vontade as testemunhas do que os mestres, dizíamos ainda recentemente a um grupo de leigos, ou então se escuta os mestres, é porque eles são testemunhas" (EN, 41). E, à luz dessa constatação, unem-se os padres sinodais para dizer que "o testemunho de uma vida autenticamente cristã [...] é o primeiro meio de evangelização" (EN, 41). Se está difícil convencer aos outros com a nossa confissão de fé, é porque ela se concentra em um credo que não interessa e não incomoda a ninguém, porque nos falta o testemunho encarnado (ARNOLD, 2015, p. 85). São João Paulo II, anos mais tarde, retomaria o assunto para dizer que a humanidade hoje crê "mais na experiência do que na doutrina, mais na vida e nos fatos do que nas teorias. O testemunho da vida cristã é a primeira e insubstituível forma de missão: Cristo, cuja missão nós continuamos, é a "testemunha" por excelência (Ap 1,5; 3,14) e o modelo do testemunho cristão" (RM, 42).

Etimologicamente, a palavra *martyría* vem do grego ***μαρτυρια*** e significa "testemunho". A tradição bíblica, por exemplo, apresenta ainda outras variantes equivalentes, como *martys*, *martyrion* e *martyrein*. Tem sua raiz em *mérmeres* (memoriável) e *mérimna* (aquilo que constitui fortemente numa pessoa a recordação fundamental). Por isso dizemos que testemunhar é fazer memória (PASSOS, 2015, p. 961-962). De maneira especial, nos Atos dos Apóstolos vemos: "Depois eu voltei a Jerusalém, e quando estava rezando no Templo, entrei em êxtase. Vi o Senhor que me dizia: 'Depressa, saia logo de Jerusalém, porque não aceitarão o testemunho que você dá a meu respeito'" (At 22,17-18). Aqui, *martyría* assume a dimensão querigmática do mistério pascal, o de dar testemunho da verdade e ser difusor da fé e se preciso, até a morte. No anúncio pascal, ela se torna o eixo de toda a evangelização. Daí a necessidade de revisar as demais funções eclesiais ou signos acima descritos "para reequilibrar sua presença e articulação e para assegurar sua credibilidade" (ALBERICH-SOTOMAYOR, 2011, p. 61).

No 30º aniversário da publicação de *Evangelii Nuntiandi*, Velasco tentou combater o derrotismo e o pessimismo eclesial com a ideia de uma fecundidade humanizadora do cristianismo. Mesmo assim, não escondia, na ocasião, sua preocupação quanto ao tema do testemunho: "o cristianismo, como tal e, sobretudo, as Igrejas que o visibiliza, parecem representar para muitos uma página pesada da história, umas instâncias estéreis desde o ponto de vista racional, cultural, ético, estético e, inclusive, humano" (VVAA, 2006, p. 113). Por isso a evangelização hoje pede uma "*recompreensão* da fé em formas *teologicamente* atualizadas, *existencialmente* significativas, *culturalmente* aceitáveis, coerentes e estimulantes em sua projeção ética" (ALBERICH-SOTOMAYOR, 2011, p. 63). Ou ainda escutaríamos Arnold dizer que "no contexto da crise dos discursos, o anúncio do Reino passa obrigatoriamente pelo testemunho radical, sentido último do martírio. Só uma Igreja testemunhal, mais além de seus pecados institucionais, será apta para estes tempos" (ARNOLD, 2015, p. 153).

O Vaticano II expediu literatura abundante[4] para falar sobre o testemunho cristão no mundo de hoje. Na constituição sobre a Igreja, por exemplo, "fica claro que é a participação no *múnus* de Cristo, em seu sacerdócio régio, que cada fiel está chamado ao testemunho de uma vida santa experimentada na prática efetiva do amor e da misericórdia.

---

4 O padre Agenor Brighenti afirma que "os documentos do Concílio Vaticano II citam 88 vezes o termo 'testemunho', 27 vezes a palavra 'testemunha' e sete vezes, 'testemunhar'" (BRIGHENTI, A., A pastoral dá o que pensar, p. 90-91).

O testemunho dos cristãos obedece necessariamente a uma dinâmica interna: configurar-se a Cristo, servo obediente ao Pai e manifestá-lo aos outros, pelas obras de fé, esperança e caridade" (PASSOS, 2015, p. 962).

Dentro dessa perspectiva, é preciso reconhecer que a modernidade acabou construindo um fosso profundo entre a reflexão teológica e a espiritualidade, deixando esta intimista demais e aquela demasiado manualística. É preciso superar esse divórcio com a força testemunhal e voltar, na expressão de Bruno Forte, ao primado de Deus na fé (FORTE, 2003, p. 138): Concretamente, "isso significa que diante da queda dos grandes horizontes de sentido, próprios da modernidade, os crentes são chamados, em primeiro lugar, a dar testemunho de Cristo, qualificando-se como discípulos, apaixonados por Sua Verdade, que liberta e salva". E, com estímulo, conclui que "há razões para viver e para viver juntos e que essas razões não estão em nós mesmos, mas no horizonte último que a fé reconhece como revelado e dado naquele que é a Palavra brotada do eterno Silêncio de Deus".

É preciso dizer que esse testemunho já é uma evangelização implícita (EN, 21) e silenciosa, pois "irá suscitar perguntas por parte do interlocutor e, então, esse é o momento de oferecer gratuitamente o Evangelho, capaz de responder a todas as buscas do ser humano" (BRIGHENTI, 2014, p. 90). É um sinal do anúncio libertador e chave de interpretação da vida e da história. Vemos que frente à "demanda de sentido e experiência do mal, que induz tantos homens ao fanatismo e ao desespero, os cristãos devem ser portadores de esperança, 'inimigos do absurdo, profetas de significado" (ALBERICH-SOTOMAYOR, 2011, p. 51). A presença desse discípulo de Cristo "ajuda o outro a 'descobrir', não a simplesmente aceitar o que Deus tem a lhe oferecer" (ALBERICH-SOTOMAYOR, 2011, p. 90).

É uma pérola literária o opúsculo *Carta a Diogneto*, do século II[5], que descreve formidavelmente, em trocadilhos, um fiel testemunho que pode iluminar nossa geração:

> mesmo vivendo em cidades gregas e bárbaras, conforme a sorte de cada um, e adaptando-se aos costumes de cada lugar quanto à roupa, ao alimento e a todo o resto, eles testemunham um modo de vida admirável e, sem dúvida, paradoxal.
>
> Vivem em sua pátria, mas como se fossem forasteiros; participam de tudo como cristãos, e suportam tudo como estrangeiros. Toda pátria estrangeira é sua pátria, e cada pátria é para eles estrangeira. Casam-se como todos e geram filhos, mas não abandonam os recém-nascidos. Compartilham a mesa, mas não o leito; vivem na carne, mas não vivem segundo a carne; moram na terra, mas têm sua cidadania no céu; obedecem às leis estabelecidas, mas, com sua vida, superam todas as leis; amam a todos e são perseguidos por todos; são desconhecidos e, ainda assim, condenados; são assassinados, e, deste modo, recebem a vida; são pobres, mas

5 O cardeal indiano Ivan Dias (1936-2017), para falar dos caminhos da evangelização, em preparação ao Sínodo dos Bispos sobre a Nova Evangelização (2012), dizia que era preciso recordar a dimensão tridimensional da evangelização ao longo destes dois milênios: a primeira centrada na própria Igreja, por meio do testemunho cristão, onde retoma a Carta a Diogneto como "lição de casa" para os cristãos de hoje; uma segunda centrada na relação entre as Igrejas cristãs, com o ecumenismo; e uma terceira com as pessoas de outros credos, mas que convivem conosco e onde se faz urgente recuperar o diálogo interreligioso (DIAS, I., La evangelización, hoy. IN: AUGUSTIN, G., El desafio de la nueva evangelización, p. 91-97).

enriquecem a muitos; carecem de tudo, mas têm abundância de tudo (CARTA A DIOGNETO, § V-VI).

Com a força do testemunho de fé dos primeiros séculos, a conferência episcopal da Alemanha recordava que "o centro de gravidade de todos os esforços catequéticos está, por conseguinte, na proclamação do Deus vivo, que sai a nosso encontro em Jesus Cristo, sua Palavra e é testemunhado na Bíblia" (MARTÍNEZ, 2005, p. 92). Esse primeiro anúncio deve ser feito, hoje, como testemunho e ajuda para uma relação pessoal com Deus. Para dizer que diante da supressão dos apoios sociais, que antes existiam, essa atividade adquire uma importância crescente para a transmissão da fé.

O testemunho autêntico é a "injeção de ânimo" para fazer com que o cristianismo se desprenda das amarras da secularização, como se veiculou em uma nota do Conselho Pontifício para a Cultura: "sem testemunho de vida cristã, a prática religiosa é abandonada progressivamente para uma religião *a la carte*, sem adesão aos dogmas da fé. Não se trata somente, como em outros tempos, de um simples abandono da prática sacramental ou de uma falta de vitalidade da fé, mas de algo que toca profundamente suas raízes" (EQUIPO EUROPEO, 2009, p. 37-38). E essa característica de pertença ao ocasional, de uma prática regular ao intermitente, que navega do estável ao pendular, é característico do processo de secularização que vivemos e exige que tamanha transformação se dê mediante uma pastoral adequada.

No âmbito das relações interpessoais, há um dinamismo interno do testemunho, que nos aportes de Fisichella estão dispostos no entrelaçar de três elementos: "em primeiro lugar, a *ação* testemunhal que uma pessoa oferece, depois o *conteúdo* que testemunha e, por último, o *destinatário* que recebe o *testemunho*" (CARVAJAL-BLANCO, 2012, p. 61). Em outras palavras: uma existência cristã que se configura em uma relação pessoal com Deus, com um conteúdo que é o testemunho que Cristo dá de si mesmo a seus eleitos, de modo de que o destinatário, aberto ao diálogo, esteja disposto a sair da superficialidade, buscando interesses comuns e percebendo que a última resposta para os problemas de sua vida não está somente em suas mãos.

Isso tudo nos leva a pensar em uma experiência de discipulado e testemunho, como duas faces da mesma moeda nesse novo paradigma, em três níveis, pelos menos (VVAA, 2006, p. 102): de uma vida teologal que nos ponha em comunhão plena com o Deus-Trindade, em uma nova forma de vida que pressupõe seguimento efusivo de viver a fé cristã e, por último, com ações e palavras que confirmem sua nova condição de discípulo missionário e testemunha da fé. Aqui nos faz rever profundamente como temos evangelizado porque, na maioria das vezes, "cuidamos muito do discurso, do que vamos 'dizer' e descuidamo-nos do modo como vamos 'fazer', esquecendo-nos de que o mensageiro é também, ou sobretudo, a mensagem" (BRIGHENTI, 2014, p.89).

## b) O kerigma: ide e anunciai

Nunca se falou tanto sobre *kerigma* como nos últimos cem anos. Utilizado para a redação do segundo testamento, sua origem grega (MORLANS, 2009, p. 76) remonta primeiro o verbo κερισσειν (*kerissein*), como aquele que anuncia e proclama em alta voz; e dos substantivos κεριχ (*kerix*), que remete ao grito do arauto que, por mandato, emite uma mensagem de interesse geral, e κεριγμα (*kerigma*), que evoca uma Boa-Nova ou anúncio feito publicamente. Desde a dimensão da fé, essa expressão designa a pregação da boa notícia da salvação oferecida por Cristo; é o "primeiro anúncio chocante do Evangelho que ressoa no decurso dos séculos. Trata-se essencialmente de anunciar esse acontecimento e de convidar à conversão e à fé" (LATOURELLE, 2017, p. 601-602). Dessa primeira abordagem conceitual, vamos buscar entender alguns elementos importantes.

Se tomamos alguns textos mais antigos, veremos, por exemplo, a exortação paulina na comunidade de Corinto, em meados dos anos 50 da era cristã: "de fato, quando Deus mostrou sua sabedoria, o mundo não reconheceu a Deus por meio da sabedoria. Por isso, por meio da loucura que pregamos, Deus quis salvar os que acreditam. Os judeus pedem sinais e os gregos procuram a sabedoria; nós, porém, anunciamos Cristo crucificado, escândalo para os judeus e loucura para os pagãos" (1Cor 1,21-23). Quando Paulo fala da "loucura que pregamos" se remete diretamente ao *kerigma*, "o primeiro convite à fé em Deus e em Jesus, Messias e Salvador, dirigido pelos Apóstolos aos judeus e aos pagãos; anúncio que, por sua importância, deve provocar um profundo impacto existencial que conduz à conversão" (MORLANS, 2009, p. 76). Por isso o elemento unificante deste anúncio explosivo é a pessoa de Jesus, identificado como Cristo e Senhor e "instaura um vínculo irrompível entre o evento-Jesus e seu poder salvífico" (LATOURELLE, 2017, p. 602). Em sentido estrito, podemos dizer que o *kerigma* é o anúncio de Jesus Salvador. De forma mais ampla, é a "proclamação da boa notícia salvadora e libertadora a quem carece de esperança, não tem liberdade, estão carentes de justiça ou são pobres e marginalizados" (FLORISTÁN, 1993, p. 366).

Nas primeiras comunidades apostólicas, é possível diferenciar as formas de *kerigma* e deste anúncio explícito da pessoa de Jesus Cristo. Antes de ser, a princípio, repetições de verdades reveladas ao pequeno grupo de discípulos, o *kerigma* aparece como resposta à memória de Jesus, proclamada solenemente e celebrada com devoção. Depois, este anúncio já acontecia de forma distinta nas diferentes comunidades e com algumas particularidades próprias de cada grupo apostólico, seja com Pedro, Paulo, João ou ainda entre os grupos dos judeus convertidos e pagãos que se aproximavam. Nos textos da Sagrada Escritura, o *kerigma* geralmente se expressa sob quatro formas principais (EQUIPO EUROPEO, 2009, p. 75-76): na *forma narrativa*, preocupada em revisitar a vida de Jesus, seu mistério pascal e o Reino de Deus como presença escatológica; nas *fórmulas breves*, centradas no anúncio de Jesus como Senhor e sua missão salvífica; nas *fórmulas de fé*, com expressões curtas, que implicavam diretamente a pessoa que as pronunciava, como "Jesus, Senhor", fazendo referência à promessa divina na história da salvação, cumprida na pessoa de Jesus, o Nazareno; e nos *hinos cristológicos*, que expressavam a forma mais elevada de celebrar a memória de Jesus, por meio do canto, da poesia e da celebração[6].

Aqui há que se dizer que o *kerigma* não é tomado como sinônimo de primeiro anúncio e muito menos de cateque-

6 Os hinos cristológicos mais expressivos do Segundo Testamento são os de Filipenses 2,6-11, Colossenses 1,15-20 e João 1,1-18.

se, como já visto anteriormente. Na América Latina, por exemplo, em vários textos se utilizam a expressão "primeiro anúncio" para dizer "querigma" e vice-versa. Mas todos os termos se entrelaçam nessa função profética da evangelização. O anúncio explícito da salvação em Cristo é parte de um processo dinâmico chamado de primeiro anúncio da fé; por sua vez, esse anúncio prepara o caminho para a instrução mais detalhada, e aí poderemos falar de uma catequese propriamente dita.

Chama-nos a atenção a estrutura querigmática bastante ordenada, presente nos textos do segundo testamento, especialmente em Atos dos Apóstolos. A pregação efusiva quase sempre seguirá uma ordem teológica (MORLANS, 2009, p. 80-81): 1. o cumprimento das promessas do primeiro testamento; 2. a memória da morte e ressurreição do Senhor; 3. a justiça do Pai que exalta Jesus como Senhor e Messias; 4. o derramamento do Espírito Santo como sinal divino; 5. a espera da segunda vinda de Jesus para o juízo final; 6. a exortação para a conversão pessoal e o convite para o batismo[7].

Tomemos uma perícope que mostra claramente estes elementos, com as indicações numéricas do processo querigmático apresentado anteriormente:

---

7 A Equipe Europeia de Catequetas também apresentou um esquema querigmático comum em vários textos sagrados, com oito elementos: anúncio efusivo, o testemunho pessoal de quem anuncia, o centro na pessoa de Jesus Cristo, o ápice da revelação (ato final) no encontro com João Batista, o futuro de salvação na linha escatológica, o projeto de Deus que constitui a história da salvação, o efeito da libertação da condenação do pecado e dom da salvação e, por último, o chamado a uma decisão madura para a conversão e vivência da fé. (EQUIPO EUROPEU DE CATEQUESIS, La conversión misionera de la catequesis, p. 78).

*[4]* O Deus de Abraão, de Isaac e de Jacó, o Deus de nossos antepassados glorificou seu servo Jesus. *[2]* Vocês o entregaram e o rejeitaram diante de Pilatos, que estava decidido a soltá-lo. Vocês, porém, renegaram o Santo e o Justo, e pediram clemência para um assassino. Vocês mataram o Autor da vida, mas Deus o ressuscitou dos mortos. E disso nós somos testemunhas. Graças à fé no nome de Jesus, esse Nome acaba de fortalecer este homem que vocês veem e reconhecem. A fé em Jesus deu saúde perfeita a esse homem que está na presença de todos vocês. Apesar disso, meus irmãos, eu sei que vocês agiram por ignorância, assim como os chefes de vocês. *[1]* Deus, porém, cumpriu desse modo o que havia anunciado por meio de todos os profetas: que seu Messias haveria de sofrer. *[6]* Portanto, arrependam-se e convertam-se para que os pecados de vocês sejam perdoados. Assim vocês poderão alcançar o tempo do repouso que vem do Senhor. E ele enviará Jesus, o Messias que havia destinado para vocês. No entanto, é necessário que o céu o receba, *[5]* até que se cumpra o tempo da restauração de todas as coisas, conforme disse Deus nos tempos passados pela boca de seus santos profetas. De fato, Moisés afirmou: 'O Senhor Deus fará surgir, entre os irmãos de vocês, um profeta como eu. Escutem tudo o que ele disser a vocês. Quem não der ouvidos a esse profeta será eliminado do meio do povo.' E todos os profetas que falaram desde Samuel e seus sucessores, também eles anunciaram estes dias. Vocês são filhos dos profetas e dos homens com quem Deus fez a Aliança, quando disse a Abraão: 'Por meio de sua descendência, serão

abençoadas todas as famílias da terra.' *[3]* Após ter ressuscitado seu servo, Deus o enviou em primeiro lugar a vocês, para os abençoar e para que cada um se converta de suas maldades.'[8]

Existe, de fato, um fio condutor que perpassa a teologia de todos os textos neotestamentários, uma "memória vital", cujo sujeito é a comunidade apostólica. Uma primeira recordação nos leva aos pés do calvário, concretização até as últimas consequências da missão terrena de Jesus, obediente até a morte de Cruz. Uma segunda memória, chamada de "*kerigma* pascal", é o movimento executado pelos primeiros discípulos que estiveram com Jesus e recebem diretamente dele a missão de anunciar o Reino de Deus, até que Ele voltasse. E ainda se consta uma terceira, a memória escrita, que são os vinte e sete textos canônicos que chegam até nós (EQUIPO EUROPEO, 2009, p. 72).

Não é por acaso que esse signo sucede a *martyría,* porque o momento do anúncio explícito pressupõe sempre o testemunho[9]. Vale lembrar o que disse São Paulo VI, quando detalhadamente apresentou seu programa evangelizador pós-conciliar em momentos específicos. São eles: (a) Renovação da humanidade – tarefa missionária e essencial da Igreja; (b) Testemunho cristão por meio de gestos e palavras; (c) Todo testemunho deve ser seguido necessariamente por um anúncio explícito da pessoa de Jesus; (d) Adesão do coração por

8 At 3,13-26. Outros ajudam neste esquema kerigmático, como At 2,14-39; 1Cor 15,1-45; At 5,29-32.

9 BRIGHENTI, A., A pastoral dá o que pensar, p. 92. Gevaert também aborda extensamente o tema do testemunho na vida cristã. Ele afirma que o testemunho "precede e acompanha o anúncio explícito do Evangelho" (GEVAERT, J., El primer anuncio, p. 53).

meio da conversão; (e) Entrada na comunidade pela vivência sacramental; (f) Acolhida dos sinais pela participação no mistério de Cristo pela liturgia; (g) Iniciativas de apostolado, missão específica de cada discípulo[10].

Papa Francisco[11], em sua primeira exortação pós-sinodal, apresenta o *kerigma* como um dos momentos mais importantes no processo de Iniciação à Vida Cristã: "o querigma é trinitário. É o fogo do Espírito que se dá sob a forma de línguas e nos faz crer em Jesus Cristo, que, com sua morte e ressurreição, nos revela e comunica a misericórdia infinita do Pai" (EG, 164). E acrescenta ainda: "Não se deve pensar que, na catequese, o querigma é deixado de lado em favor duma formação supostamente mais 'sólida'. Nada há de mais sólido, mais profundo, mais seguro, mais consistente e mais sábio que esse anúncio"[12].

Ainda como cardeal em Buenos Aires, ele já exortava aos catequistas dizendo que aquilo que era recebido devia ser anunciado; porque "o coração do catequista se submete a esse duplo movimento: centrípeto e centrífugo (receber e dar). Centrípeto quando 'recebe' o querigma como dom, acolhendo-o no centro do coração. Centrífugo quando o anuncia com uma necessidade existencial (FRANCISCO, 2013, p. 63).

O anúncio querigmático acontece, dessa forma, como um diálogo sereno, profundo e transformador entre interlocutores, mediado pela cultura em todos os tempos. É, no motor do processo iniciático de fé e conversão, "aquele

---

10 EN 24; MACHADO, M., Primeiro anúncio e ação evangelizadora, p. 11.

11 Este tema e trechos aqui colocados foram bastante explorados em *A força dos signos evangelizadores no limiar de uma nova época*, do mesmo autor.

12 EG 165; MACHADO, M., Primeiro anúncio e ação evangelizadora, p. 6-14.

primeiro anúncio cheio de ardor que um dia transformou o homem e o levou à decisão de se entregar a Jesus Cristo pela fé" (CT, 25).

## c) A didaskalia e o rebento da semente da fé

De todos os sinais que se apresentam nesse bloco profético, debruçamo-nos sobre esse que é o mais familiar de todos. Isso não descarta os perigos e as armadilhas que se apresentam especialmente em momentos de crise durante o momento catequético. Sua função é bastante determinante no *modus vivendi* da comunidade eclesial, pois sabemos que o "kerigma prepara o caminho para uma instrução mais detalhada (*catequese, didaqué* ou *didaskalia*), para uma progressiva formação que implica uma mudança de atitudes, sentimentos e hábitos até chegar à recepção dos sacramentos da iniciação – Batismo, Confirmação e Eucaristia – e a uma vida em Cristo o mais coerente possível" (MORLANS, 2009, p. 76).

Aqui se faz necessário uma importante distinção (FLORISTÁN, 1993, p. 423-425). No primeiro século era fartamente utilizado o verbo grego **κατεχείν** (catequizar), como a ação de fazer ressoar a Palavra e suscitar uma resposta de quem a recebesse. Esse verbo estava unido ao primeiro anúncio da fé cristã, como eco da experiência pascal vivida pelos Apóstolos e, aos poucos, sendo assimilada como tarefa eclesial acerca da ação salvífica de Deus. Como sugere a citação acima, a segunda palavra que se acrescenta nesse período é **διδαχὴ** (didaqué), que consiste em instruções sobre a doutrina de Cristo, realizadas pelos Apóstolos e seus sucessores, como lembrava São Paulo: "Portanto, irmãos, ficais firmes; guardai as tradições que vos ensinamos oralmente ou por escrito" (2Ts 2,15). É conhecido também um pequeno compêndio destas instruções intitulado *Didaqué* ou *Instrução dos Doze Apóstolos*[13], que data do final do século I. Mais tarde, bastante aproveitada pelos Padres da Igreja, será usado frequentemente a expressão διδασκαλια (catequese), que consiste no ofício do mestre (διδασκαλος) em produzir frutos religiosos e morais por meio da doutrina à luz da revelação divina em Jesus Cristo. Na verdade, "não se trata tanto de instruir em uma doutrina, mas de conduzir o homem à salvação. No ensino catequético não se deve ir somente à inteligência do ouvinte, mas à totalidade de sua pessoa" (FLORISTÁN, 1993, p. 425). Esse caminho de fé, que ilumina a vida dos fiéis, tornou-se um fermento na massa com o catecumenato cristão, durante os séculos II--IV. Com o fim do catecumenato e o início da Idade Média, a *didaskalia* também perderá sua eficácia, sendo substituída por pequenas instruções oracionais e de piedade popular.

Sabemos o quanto no último século a catequese tem ganhado espaço para reflexão e novos posicionamentos teológicos frente ao avanço da modernidade. Ela se encontra em um "posto de privilégio" (RAMOS, 2006, p. 266) dentro da ação pastoral da Igreja, como uma "tarefa absolutamente primordial" (CT, 15) da evangelização e um "processo vital" (DNC, 38) exigente a serviço da iniciação à vida cristã e sua permanente renovação dentro da vida comunitário. Na

---

13 A *Didaqué,* texto escrito provavelmente entre os anos 60 e 90 do século I, chegou até ser elencado entre os textos neotestamentários, o que depois acabou sendo apresentado na Tradição como o primeiro catecismo dos cristãos. É um pequeno manual doutrinal que reflete a caminhada das primeiras comunidades cristãs. São 16 instruções agrupadas em três sessões: sobre os dois caminhos – da vida e da morte, a celebração da vida (batismo e eucaristia) e preceitos para a vida comunitária (DIDAQUÉ, O catecismo dos primeiros cristãos. São Paulo: Paulus, 2010).

clausura do Sínodo sobre a Catequese, o Papa lembrava aos participantes: "ninguém pode chegar à verdade completa apenas por uma simples experiência, isto é, sem uma explicação adequada da mensagem de Cristo, que é o 'Caminho, Verdade e Vida'" (PAULO VI, 1977).

Dos textos conciliares já apresentados aqui, mais duas contribuições textuais endossam o movimento catequético que buscava uma promissora renovação nos últimos anos. A primeira, no decreto *Christus Dominus*, quando confirma aos bispos sobre a instrução catequética "que se orienta a fazer com que a fé, ilustrada pela doutrina, torne-se viva, explícita e operosa nos homens, seja cuidadosamente ministrada quer às crianças e aos adolescentes, quer aos jovens, quer até aos adultos" (CD, 14). Depois, na declaração *Gravissimum Educationis*, sobre a educação cristã, apontando a catequese como aquela que "ilumina e fortalece a fé, alimenta a vida segundo o espírito de Cristo, leva a uma participação consciente e ativa no mistério de Cristo e impele à ação apostólica" (GE, 4). Ambos os textos em suas definições confirmam a amplitude da missão de Jesus conferida à Igreja de levar a Boa-Nova a toda criatura: "a *primeira definição* sublinha a finalidade integral da catequese: a educação geral da fé, não reduzida a um conhecimento da fé (*fides quae*), mas como entrega total a Deus (*fides qua*), que inclui a adesão intelectual ao que ele revelou, bem como ao compromisso coerente nas obras. [...] A *segunda definição* descreve a catequese por suas tarefas ou seus objetivos imediatos: o conhecimento da fé; alimentar as atitudes morais cristãs com o espírito de Cristo; exercitar na participação da liturgia e impulsionar a vida apostólica" (PEDROSA, 2004, p. 139).

Ainda que se distinga a catequese da evangelização primeira, há de se considerar o que veio à tona nas sessões da

IV Assembleia Sinodal sobre a catequese: "convém recordar que entre a catequese e a evangelização não existe separação nem oposição, como também não há identificação pura e simples, mas existem sim relações íntimas de integração e de complementaridade recíproca"[14]. No entanto, Floristán intervém dizendo que, a partir do objetivo dos conteúdos, há de distinguir algo, pois a evangelização "suscita a fé inicial e a conversão, enquanto a catequese torna madura a semente da fé; a evangelização é um primeiro anúncio do Evangelho e uma primeira resposta cristã aos problemas básicos humanos, enquanto a catequese é um ensino global e sistemático da pessoa de Jesus Cristo e sua mensagem ou uma educação *da fé, à fé* e *na fé*" (FLORISTÁN, 1993, p. 368-369).

Sempre provocativo e elucidativo no tema da iniciação cristã, temos outro esquema para falar da catequese, o de André Fossion, que apresenta cinco modelos (FOSSION, 2015, p. 89-109) sob a metáfora de canteiros em construção, em uma tentativa de reconfigurar a catequese nas próximas décadas.

Em um primeiro cenário, está o *canteiro da comunidade*. Aqui o teólogo sublinha a importância de se implementar a "catequese da comunidade", por mais que isso soe estranho diante da habitual catequese sacramental que estamos acostumados. É na intenção de favorecer a emergência de comunidades vivas, responsáveis e que tenham consciência de sua missão de discípulos missionários. Essa formação permanente tem o duplo objetivo de conduzir a comunidade à maturidade da fé como membros vivos de um mesmo corpo (cf. 1Cor 12,12-27) bem como na formação de um tecido comu-

14 CT 18.

nitário fraternal, que faça nascer um sentimento de pertença comunitária. Desde o primeiro diretório, a catequese já era vista como "ação eclesial que leva os indivíduos e as comunidades cristãs à maturidade de fé" (DCG, 21); isso aparece na última edição com as expressões de pertencimento à comunidade, comunhão e corresponsabilidade eclesial, "como sujeitos ativos para a edificação da comunidade" (DC, 89). No Brasil, o diretório também destaca a formação permanente para que a comunidade seja a referência como fonte, lugar e meta da catequese (DNC, 51-52). Por isso os bispos em Aparecida falavam de um processo de conversão eclesial na América Latina que buscasse uma formação integral, querigmática e permanente da comunidade (DAp, 279). Para efetivar essa catequese permanente da comunidade, Fossion vê, na prática, que ela pode acontecer em algumas modalidades específicas: quando se deixa conduzir por meio do ano litúrgico, pondo em cena a história da salvação; com a proposta de um tema anual que fortaleça a fé dos fiéis e os motive, como a Igreja sempre favorece de tempos em tempos por meio do Magistério; outra modalidade são os tempos fortes promovidos na comunidade, alternando momentos de reflexão, oração e fraternos comunitários; e um outro que visa catequeses com grupos específicos, segundo a missão pelos quais foram chamados, envolvendo principalmente as famílias para o seio da comunidade.

Um segundo cenário pastoral é o *canteiro da diversidade*. É perceptível quando a catequese se encontra diante de uma cultura extremamente egoísta e individualizada. É preciso encontrar alguns acenos positivos porque "a modernidade inventou um modo de herdar que não é o modo tradicional, pois o indivíduo se dá o direito de eleger sua herança"

(FOSSION, 2015, p. 95). A ideia de Fossion é a de buscar caminhos flexíveis, segundo os gostos das pessoas e suas aspirações, porque a catequese, "mais do que transmissão de conceitos, noções genéricas, formulações intelectuais e nocionais, é processo de transmissão da fé para a formação de cristãos maduros, ativos e participativos da comunidade eclesial e da sociedade" (IIISBC, p. 271). Algumas categorias são suscitadas no meio da crise em que vivemos para encontrar novas práticas, porque a questão "não é conformar as pessoas a um modelo estabelecido da fé, mas oferecer-lhes um dispositivo variado no qual elas poderão se mover, sobre o qual poderão se apoiar para crescer e caminhar livremente na fé" (FOSSION, 2015 p. 95). Em meio a esse pluralismo cultural, o desafio é lançado: o de "dar a conhecer melhor o tesouro encontrado, levar a celebrá-lo no interior de uma comunidade de fé e vivê-lo como Igreja e como cidadão inserido na história. A confissão da fé, por aquilo que significa, não é um ato solitário, mas solidário" (BRIGHENTI, 2014, p. 94).

Adiante, nota-se o *canteiro da iniciação das novas gerações*. Um canteiro onde as obras se veem bastante adiantadas, pelo menos essa é a intenção. O desejo do concílio de restaurar o catecumenato, ainda que a prioridade da iniciação cristã sempre fosse e é o adulto, a catequese infantil e juvenil também se encontra obrigada a rever sua metodologia, já que se faz urgente uma catequese infanto-juvenil de "caráter iniciático, intensidade e integridade da formação, gradualidade, emprego de ritos e a referência constante à comunidade" (CELAM, 2007, p. 108). No Brasil, a III Semana Brasileira de Catequese deu visibilidade àquelas preocupações de novos cenários religiosos e à urgência do primeiro anúncio da fé que a Europa refletia no começo dos anos 90 do século passado. Dom

Eugênio Rixen (1944) lembrava que a inspiração catecumenal na Iniciação à Vida Cristã precisa ser adotada na catequese mais em seu espírito do que em sua letra. O importante, para ele, é que "as crianças, os adolescentes e os jovens sigam o mesmo caminho dos discípulos de Emaús. O catequista, a exemplo de Jesus Ressuscitado, escute as decepções e as preocupações dos catequizandos, aqueça os corações com a Palavra de Deus, dando sentido aos acontecimentos; convida à partilha e à eucaristia e leva à missão (IIISBC, p. 282).

Em seguida, contempla-se o *canteiro da missão*. Os bispos da América Latina, quando propõem uma Igreja em estado permanente de missão e com uma pastoral decididamente missionária, não deixam de reconhecer, humildemente, um processo iniciático pobre e fragmentado (DAp, 287). A fé, como proposta, obriga-nos a "acolher o dom de Deus em condições novas e reencontrar assim o gesto inicial da evangelização: o da proposta simples e decidida do Evangelho de Cristo" (MARTÍNEZ, 2005, p. 57). O papa Bento XVI, quando de sua vinda ao Brasil, após citar pelo menos três vezes a expressão "proselitismo" – que poderia se equiparar, no sentido positivo, a uma forma de instrução catequética –, revela uma vez mais o rosto de uma catequese missionária: "a Igreja não faz proselitismo. Ela cresce muito mais por 'atração': como Cristo 'atrai todos a si' com a força de seu amor, que culminou no sacrifício da Cruz, assim também a Igreja cumpre sua missão na medida em que, associada a Cristo, cumpre sua obra conformando-se em espírito e concretamente com a caridade de seu Senhor" (DAp, p. 253).

Pensar uma catequese missionária é ter, como ponto de partida, pelo menos duas linhas de frente: a do primeiro anúncio da fé cristã, podendo assumir formas narrativas, expositivas, testemunhais, dialogais ou ainda litúrgicas, garantindo a memória cristã no vasto campo cultural que vivemos; e a presença do catecumenato, tanto para aqueles que buscam descobrir a fé, como redescobri-la. Esse perfil traz um novo frescor à catequese, sinal sacramental da fé, como lembra o catequeta Pe. Abimar de Moraes, ao dizer que a atitude missionária "não é uma questão de estratégia circunstancial, mas está indissociavelmente ligada à própria natureza da ação catequética, que é ser como um sacramento, um sinal e um meio de operar a união íntima com Deus e a unidade de todo gênero humano". E, por isso, complementa que a catequese "deve fazer muito mais do que *afirmar* que Deus quer a salvação do gênero humano. Ele deve ser um sinal eficaz dessa salvação. [...] uma ação catequética que não se separa da diaconia" (AMADO, 2014, p. 274).

Frente a esse cenário, Roland Lacroix propõe um autêntico encontro da Igreja com a cultura contemporânea, onde o "saber da experiência adquirido durante anos de afastamento do cristianismo não deve ser negligenciado [...]. Uma catequese para os reiniciantes respeita seu percurso; reconhece esses homens e essas mulheres em seu caminho de fé como irmãos e irmãs cuja experiência é preciosa, pois ela diz a maneira como Deus se revela hoje" (FOSSION, 2015 p. 106).

## d) A krisis como coerência interna da fé

Etimologicamente, a palavra κρισις (*krisis*) está associada ao verbo grego κρινειν (*krinein*), como o ato de julgar, decidir ou separar. Na prática, *krisis* revela a atitude de tomar uma decisão. O estado de caos e incerteza se encontra no latim como *crisis*, ou ainda na cultura chinesa como 危机 (*wéijī*), como uma experiência de perigo e oportunidade. Mais sugestivo, ainda, é seu significado no hebraico: איה-לבא (*mas-her*), a antiga cadeira de parto onde as gestantes davam à luz (Sweet, 2010, p. 19). Dessa forma, podemos dizer que a tomada de decisão, ou ato de julgar e separar, ou o momento de "dar à luz" desde a dimensão da fé, ocorre de maneira madura e robusta durante a formação teológica.

E é nesse ponto que exalto a grandeza das reflexões do Pe. Agenor Brighenti, pois ele é o único – na delimitação metodológica do levantamento bibliográfico – que apresenta o signo *krisis* separadamente como uma das funções proféticas da evangelização. É certo de que Morlans e Fossion também falam da formação teológica: esse como condicional à ação catequética da Igreja e aquele quando prevê que a catequese seja sempre teológica, buscando a inteligibilidade da fé.

Por isso Fossion descreve, por último, o *canteiro da inteligência da fé*. Ele explica que é necessário que o "conjunto do edifício catequético seja fecundo para uma inteligência renovada da fé, uma inteligência que a torne possível, desejável para o mundo que vem" (FOSSION, 2015, p. 106). O trabalho catequético precisa buscar sempre uma fé pertinente, desejável e compreensível. São João Paulo II lembrou a Igreja quando motivava os catequistas para evangelizar nas diversas culturas: "é deste modo que poderá propor a essas culturas o conhecimento do mistério escondido e ajudá-las a fazer surgir de sua própria tradição viva expressões originais de vida, de celebração e de pensamento cristãos" (CT, 53).

E, diante de um mundo plural, não podemos recuar ou nos esconder, recorda o catequeta canadense Pe. Gilles Routhier (1953), no Jubileu de Ouro do Instituto Internacional *Lumen*

*Vitae*, em 2008: "encontrarmo-nos de novo em situação de pluralidade religiosa nos deixa acuados numa verdadeira reflexão sobre o mistério do Deus vivo, e a catequese não pode se furtar a fazer tal reflexão. [...] Como na Antiguidade, a catequese permanece um lugar de reflexão e de inteligência do mistério cristão e de produção de palavras novas para o exprimir, assim como ela deve também satisfazer a exigência de coerência interna da fé" (FOSSION, 2015, p. 107).

As crises são companheiras naturais da vida e precisam ser superadas ou administradas da melhor forma. Quantas vezes se busca apontar erros, encontrar culpados e querer entrar em uma máquina do tempo para refazer um passado que já é presente e não voltará à sua condição pretérita. É preciso superar a crise de confiança e procurar as fontes da esperança (HALÍK, 2018, p. 30). Por isso superar a crise desde a formação teológica nos ajuda a vencer sinais que nos ferem demasiadamente, como se vê no pietismo, no tradicionalismo, no fundamentalismo e no comunitarismo.

Como condicionante, a teologia tem, na função profética, seu ponto crítico. Esse itinerário da fé inicia na experiência de um testemunho (*martyría*) que, passando pela conversão enquanto acolhe e recebe a mensagem revelada (*kerigma*), proclama a profissão da fé, aprofundada pela catequese (*didaskalia*) e alcança a maturidade de fé quando mergulha nos estudos teológicos (*krisis*). A teologia sempre nos livra de uma fé ingênua e se torna um direito dentro da comunidade cristã, mesmo que seja um direito carente de ser atendido, pois "todo batizado, para aceder a uma fé madura, precisa ser, em certa medida, também um 'teólogo'. Consequentemente, a Igreja tem o dever de propiciar as condições para que ele o seja" (BRIGHENTI, 2014, p. 102).

Para experimentar com fecundidade o Evangelho na cultura atual, cabe também à teologia um grande desafio, nas palavras do historiador francês Marcel Gauchet (1946): "a sobrevivência do cristianismo depende de uma profunda renovação teológica e filosófica. O desafio é o de dar um *status* plausível ao discurso sobre o mais além, sobre Deus, sobre a fé. São as categorias do pensamento religioso que estão postas à prova" (FOSSION, 2015, p. 40). É por isso que para colaborarmos com a construção do cristianismo que há de vir não basta uma boa organização pastoral. É preciso que ela seja, sobretudo, animada por um novo sopro no que diz respeito a sua própria maneira de compreender a fé e de apresentá-la às gerações que estão chegando. Infelizmente, muitas de nossas instâncias sobrevivem mais de eventos pastorais que de processos que buscam a inteligibilidade da fé. Aqui mora o perigo de esvaziarmos a coerência interna da fé com sua solidez e entrar no fluxo da corrente líquida e gasosa da modernidade, como profetizaram os sociólogos pessimistas da pós-modernidade.

Não bastam a conversão e a profissão de fé. A dimensão profética da ação evangelizadora se nutre da plena comunhão de todos esses elementos apresentados que garantem um processo de iniciação coeso, sólido e ricamente evangélico. Essa tríade qualitativa visa contrapor o lamento dos bispos sobre a pobreza, a fragmentação e – acrescento – a liquidez da engrenagem eclesial para a evangelização do mundo moderno.

Nesse sentido, como outrora o apóstolo Pedro, temos de dar razões de nossa fé, que recebemos e alimentamo-la dentro da comunidade eclesial, porque "a fé não é um ato `da´ razão, mas é um ato 'da' razão. Uma religião irracional seria indigna do ser humano, pois negaria precisamente um dom que nos torna semelhantes a Deus: a liberdade, fruto de uma consciência livre. Uma fé irracional, em vez de ser fator de plenitude do ser humano, seria sua negação" (BRIGHENTI, 2014, p. 101). E aqui entendamos bem, porque a fé cristã potencializa o homem e a mulher. Sim! Pois, "quanto mais humano, mais divino e vice-versa. Essa é a peculiaridade do cristianismo, que tem na encarnação do Verbo a negação de qualquer evasão religiosa de corte dualista, que oponha o divino ao humano, a fé à razão, o espírito à matéria, o mundo a Deus", lembra Brighenti.

De fato, o desejo de experimentar uma catequese sólida em tempos líquidos[15] requer atenção e perspicácia pastoral. Inúmeros teólogos justificaram aqui que "fugir do mundo" não é uma boa opção, além de mostrar um recuo diante da valentia e profecia dos padres conciliares no caminho do diálogo. Entretanto corremos o risco de também nos deixar seduzir pela atmosfera galanteadora da pós-modernidade e sermos assaltados dos autênticos valores cristãos, arriscando cairmos no famoso "boa noite cinderela" eclesial!

Por isso não deixemos que roubem de nós aquilo que cada um recebeu de Deus e que se vivifica nos dons que o Espírito Santo derramou sobre todos os batizados, como Povo de Deus e membros do Corpo de Cristo. Que cada um destes sinais nos faça viver, no Senhor Ressuscitado, o

---

15 Este tema foi trabalhado de forma mais intensa pelo autor em: *Uma catequese sólida em tempos líquidos*, artigo publicado pela Revista de Catequese, n. 145, p. 6-21, jan./jun, 2015. Na mesma época, encontramos outro artigo da mesma temática, de autoria de Maria Clara Bingemer, intitulado: *Uma teologia sólida para tempos líquidos?* IN: ABREU, E.; SOUZA, N. Concílio Vaticano II: memória e esperança para os tempos atuais. São Paulo: Paulinas, 2014.

que eles mesmos dizem por si só: são proféticos porque contemplam além do senso comum, porque buscam a justiça, porque esperam em Deus. Esse é o passo seguro para que o novo paradigma catequético, que se desenha diante de nossos olhos, não se apresente a nós quebradiço, desanimador e titubeante.

# PARTE III

## Os novos areópagos e a experiência pós-conciliar

*"Paulo de Tarso é um apóstolo do Cristo crucificado e ressuscitado. É Ele que Paulo anuncia tanto em Atenas quanto em todos os lugares, durante suas incansáveis viagens apostólicas pelo mundo de então. Em Cristo, o 'Deus desconhecido' deu-se a conhecer a humanidade. Os atenienses, ao adorarem o 'Deus desconhecido', voltam-se – segundo o apóstolo – não para outro deus qualquer, mas para quem ele anuncia: para o Deus que se deu a conhecer no Cristo crucificado e ressuscitado."*

(Karol Wojtyla, *Catequeses do Areópago*, 1965-1966, p. 107-108)

Quão grande surpresa quando, navegando na imensidão desse mar virtual que atrai a todos, deparei com uma obra bastante estimulante: *Kazanie na areopagu* (Catequeses no areópago), de Karol Wojtyla – São João Paulo II. Há algum tempo esse tema já rondava meus pensamentos e, diante de tantas mudanças nas últimas décadas, sempre me vinha a imagem de Paulo pregando em Atenas (At 17,16-34). O curioso é que a referida obra é composta de 13 catequeses preparadas por Wojtyla, ao final do Concílio Vaticano II, quando ainda era arcebispo de Cracóvia. Mas estes escritos – repletos de citações dos principais documentos conciliares[1] – ficaram desconhecidos por muitos anos e não se sabe, ao certo, se foram usados ou não pelo arcebispo. O fato é que estas 39 folhas escritas frente e verso foram publicadas em 2018 na Polônia e logo chegaram ao Brasil[2].

E é justamente ele que, em nome do Magistério, trará novamente uma expressão muito utilizada desde então, os 'modernos areópagos' da cultura de nosso tempo. Paulo de Tarso, "depois de ter pregado em numerosos lugares, chega a Atenas e vai ao areópago, onde anuncia o Evangelho, usando uma linguagem adaptada e compreensível para aquele ambiente. O areópago representava, então, o centro da cultura do douto povo ateniense, e hoje pode ser tomado como símbolo dos novos ambientes onde o Evangelho deve ser proclamado" (RM, 37). A partir de então, inúmeros desafios e lugares são apontados para dedicarmos maior atenção a elas e o que se passa a nosso redor, com uma presença evangelizadora que, sobretudo, "não se reveste da roupagem de conquista espiritual; exprime somente a atenção da Igreja à realidade de um grande número de pessoas que não tem Jesus Cristo como referência"[3].

---

1 É importante recordar aqui a participação intensa do jovem bispo polonês durante o concílio, especialmente no decreto sobre a Liberdade Religiosa (*Dignitatis Humanae)* e na esperada constituição pastoral sobre a Igreja no mundo moderno (*Gaudium et Spes*).

2 WOJTYLA, K. *Cristo, a Igreja e o mundo. Catequeses do areópago*. São Paulo: Quadrante, 2019.

3 CNBB. *Cristãos leigos e leigas na Igreja e na sociedade*. São Paulo: Paulinas, 2016, n. 251. Neste documento, os bispos elencam pelo menos sete areópagos modernos, desde a experiência latino-americana: a família, o mundo da

Ainda que Paulo tenha encontrado no coração da filosofia e da cultura grega acolhida e resistência no anúncio da Boa-Nova, é de se admirar "o método com que o apóstolo prega, bem como sua capacidade de introduzir o querigma do Evangelho na cultura atual. Não obstante a ideia das "sementes do Verbo" (*semina verbi*) só tenha encontrado expressão no mundo helênico pelas mãos dos últimos pensadores do cristianismo primitivo, ela não era estranho a Paulo" (WOJTYLA, 2019, p. 32). Como se vê, além de tantos títulos e menções atribuídas ao apóstolo, Paulo também carrega o pioneirismo da *interculturalidade*, termo que tem ganhado espaço nos debates teológicos para a interação e o respeito entre os vários grupos étnicos e as culturas, o que, de fato, aconteceu na propagação do cristianismo nas comunidades primitivas.

Como um motor propulsor, esta última parte apresenta contribuições concretas, à luz das catequeses de São João Paulo e de seu desejo ardente de colocar em prática as determinações conciliares, para que a Igreja encontre em tantos areópagos pós-modernos o impulso de liberdade e resistência para anunciar esse Cristo crucificado e ressuscitado. Para tanto, a proposta se delimitar-se-á em quatro areópagos, que tocam a missão catequética, inspirados nas provocações do último Diretório para a Catequese. São eles: o pluralismo sociocultural, o relativismo e a insensibilidade religiosas, o continente digital e seus nativos e, por último, o compromisso ecológico de salvar a Casa Comum.

---

política, o mundo das políticas públicas, o mundo do trabalho, o mundo da cultura e da educação, o mundo das comunicações e o cuidado com a nossa Casa Comum (n. 255-273).

Capítulo 1

# O pluralismo sociocultural

"*Por que tendes medo, homens fracos na fé?*" (Mt 8, 26). Foi assim que Jesus admoestou os discípulos diante da grande tempestade em mar aberto que sacudia o barco daquele pequeno grupo. Utilizados por todos os evangelistas, sabemos, pela exegese bíblica, a importância simbólica do mar e das águas, que como os perigos e desafios do mundo batem e sacodem o barco, a Igreja abriga e protege como filhos. Essa pergunta aparece aqui como um sinalizador, porque "no seio de uma sociedade marcada pelo relativismo, em que a questão de Deus já não interessa e a verdade se oculta com suspeita, devemos apresentar a pessoa de Cristo como nos ensina a Igreja, ou seja, como a Verdade que ilumina todo o mistério do 'homem'" (PONTIFÍCIO, 2018, p. 212). É necessário, porém, fazê-lo com "parrésia, isto é, com confiança filial, com segurança jubilosa, com grande ardor e com humilde audácia, deixando-nos guiar pelo Espírito Santo, com a consciência de que Cristo nos instrui na Igreja", lembra o mesmo documento.

Com esse novo mapa conceitual em uma nova versão da modernidade, é possível acompanhar de forma linear a passagem do mundo sólido para o líquido, como Bauman, por exemplo, sempre se expressou desde sua elaboração sociológica (BAUMAN, 2012, p. 110-129). De um lado, o homem moderno sempre se firmou na crença do progresso, na busca da única verdade universal, na incorporação de um programa de emancipação na história, na sociologia da ordem e do progresso e na identidade adscrita, demarcada com seus limites culturais e sociais. O que se percebe agora é, em primeiro lugar, a libertação da ideia de progresso e de controle do futuro, na busca de um "presenteísmo" contínuo. Depois, o universalismo é substituído pelo relativismo cognitivo e moral, próprio de cada uma das "tribos" reais e virtuais que se possa esbarrar. Como consequência, desaparece o sujeito histórico, libertado de todo laço comunitário e institucional e que, mais leve agora, vive uma identidade autorreferenciada. E, por fim, as identidades no mundo líquido-moderno já não são mais adquiridas, mas autoconstituídas (BÉJAR, 2007, p. 90-99).

Não poderia deixar de registrar aqui um encontro épico entre Bauman e papa Francisco, em Assis, em setembro de 2016. Na ocasião, o professor polonês chegou a dizer ao papa que, após percorrer o mundo com seus escritos, via no pontífice uma "luz no fim do túnel". Dias após a morte de Bauman, celebrando a Eucaristia, Francisco contrapôs o que chamou de o "carnaval da curiosidade humana" e a glorificação do Pai mediante suas obras: "há dois milênios, os apóstolos do Evangelho se encontravam diante desse cenário, que em nossos dias se desenvolveu muito e se globalizou por causa da sedução do relativismo subjetivista. A tendência à busca de novidades típicas do ser humano encontra o ambiente ideal na sociedade da aparência, no consumo". E dispara, em seguida: "Inclusive a verdade é camuflada. Movemo-nos na chamada 'sociedade líquida', sem pontos fixos, minada, desprovida de referências firmes e estáveis; na cultura do efêmero, do descartável" (FRANCISCO, 2017). Por isso conclui que no meio do 'carnaval' de ontem e de hoje, essa é a resposta de Jesus e da Igreja, esse é o apoio sólido no meio do ambiente líquido. Com sua impressionante dinâmica alegórica nas pregações, acenou ainda para um possível "estado gasoso" da sociedade, em uma de suas catequeses: "uma sociedade como a nossa, que foi definida 'líquida', pois parece que não tem consistência. Eu corrigiria aquele filósofo que cunhou esta definição e diria: mais do que líquida, gasosa, uma sociedade propriamente gasosa" (FRANCISCO, 2021).

O tema da sinodalidade tem atualmente causado reações diversas no meio eclesial, seja por desconhecimento, por repulsa à discussão, pelo desejo de entender seu processo ou ainda por uma ira que se fecha ao diálogo seja dentro ou fora da Igreja, deixa-nos atentos aos sinais dos tempos. E aqui se busca, mais uma vez, em meio a tantos ruídos, ouvir a voz do Espírito que diz às igrejas, como uma tentativa de nos mover em uma evangelização que alcance não só o coração das pessoas como leve o Evangelho ao coração do mundo. Não é uma tarefa simples e, nesse caso, requer um método teológico que nos assegure eficácia quando se fala de transmissão da fé cristã.

Pensar a categoria teológica da Sinodalidade – como alternativa ao que se vê diante do relativismo e pluralismo – neste início de milênio é tomar o último concílio ecumênico como ponto de partida. A decisão de São Paulo VI no final do Vaticano II de promover o Sínodo dos Bispos era de estender as discussões que lograram espaço nas sessões conciliares e que demandariam um pouco mais de estudo e reflexão para guiar o Povo de Deus à luz do mesmo Espírito. O pontificado do papa Francisco tem causado inúmeras discussões e não é por acaso. Francisco é, pois, um "filho do

Concílio"! Seus predecessores participaram das discussões e experimentaram as dores e alegrias da reforma conciliar nos últimos 60 anos. O atual pontífice exerce o ministério petrino com muita liberdade, citando menos o concílio e experimentando profeticamente muitas de suas determinações e reformas que foram ganhando contornos distorcidos ao passar dos anos.

E tudo isso atinge diretamente um ponto fulcral da missão da Igreja e que, por coincidência, é o marco divisor entre os pontificados de Bento XVI e Francisco: a nova evangelização. Nesta última década, vários lampejos catequéticos têm ganhado luz no que Francisco pode indicar para que a transmissão da fé, em nosso tempo, transforme a postura da Igreja católica quando os bispos latino-americanos apresentaram como "pobre e fragmentada" (DAp, 287) a iniciação cristã em nosso continente.

Capítulo 2

# O relativismo religioso

Ainda que a Igreja viva, nos últimos tempos, um ambiente aberto às experiências ecumênicas e de diálogo interreligioso, precisamente entre os cristãos, crescem formas de indiferença e insensibilidade religiosas, relativismo ou sincretismo no contexto de uma visão secularista que nega qualquer abertura à transcendência. Por isso mesmo, "a cultura pode degenerar em uma força de 'não liberdade' que bloqueie e mine as possibilidades da fé, mesmo no caso de que não seja abertamente contrária a ela. Essa falta de liberdade se mostra, a princípio, naquilo que se define como 'a identidade frágil' das atuais gerações jovens" (GALLAGER, 2010, p. 25). E, talvez sem culpa alguma, acabam sendo engolidas por uma sociedade pluralista sumamente confusa, e é difícil encontrar algum elemento de segurança, inclusive a segurança de uma tradição religiosa autêntica.

O que se projetava desde os anos de 1960 como um eclipse do sagrado e o ocultamento do religioso – junto às demais narrativas modernas – transformou-se, nas décadas seguintes, na expressão do teólogo Libânio, em um espasmo religioso, em um movimento de religião privatizada. A "individualização da religião libera os agentes religiosos. Agem então desligados de vínculos limitantes e multiplicam dessa sorte as expressões religiosas, gerando uma sensação de inundação religiosa" (CALIMAN, 1998, p. 61-62). O desejo moderno de se desprender das asas da fé trouxe graves consequências neste milênio, pois a "tendência a diluir e eliminar o sagrado na sociedade moderna preparou seu retorno de um modo sub-reptício, sob uma forma não transcendente, mas imanente" (CALIMAN, 1998, p. 62).

Com essa nova configuração religiosa, ainda se constata um caráter paradoxal da sociologia da modernidade religiosa. O que se vê, do ponto de vista da crença na pós-modernidade e do falso brilhante de uma "revanche divina", é fruto direto da secularização, diz a pesquisadora Daniéle Hervier-Léger (1947), pois "falou-se muito equivocadamente, de 'retorno do religioso' ou de 'revanche divina', para designar, desordenadamente, o atual desenvolvimento dos novos movimentos espirituais, o aumento das correntes carismáticas, o retorno das peregrinações ou mesmo o sucesso da literatura de inspiração esotérica" (HERVIER-LÉGER, 2015, p. 41).

Por mais que essa sociedade ofereça condições de expansão da crença, um possível retorno da religião aos moldes pré-modernos está longe de se concretizar porque as grandes explicações religiosas sobre o mundo caíram em descrédito, as instituições religiosas continuam a perder força na regulação de suas crenças no campo social e cultural, sem contar a diminuição no número de fiéis e a grande migração religiosa entre igrejas, como se vê no Brasil, por exemplo, nas últimas décadas.

Nessa atmosfera espiritual, o teólogo Hans Küng (1928-2021) descrevia que no cenário religioso atual, três bactérias religiosas dividiam as sociedades, espalhando-se: o fundamentalismo religioso, o moralismo rigorista e o pós-moderno indiferentismo pluralista. A primeira, espantosamente virulenta e fechada em si mesma; a segunda, como impiedosa e fanática antimodernista separatista; e a terceira, que acaba por cultivar um estilo de vida indiferentista, consumista e hedonista, amparada pelos meios de comunicação[1].

Com essa pluralidade, uma característica marcante desse novo tipo de experiência religiosa é que as preferências individuais são as responsáveis em construir e elaborar a crença, em detrimento da tradição das comunidades de fé estruturadas. A herança do passado hoje se torna suspeita e ineficaz para a novidade da fé que se apresenta: com isso, encontramos uma efervescência religiosa emancipada de dogmas, regras e formalidades.

Essa relação privada com a religião interessa mais aos sociólogos que aos teólogos, porque não se assiste a novos conteúdos religiosos, mas à mistura de antigas práticas e devoções de uma maneira nova, como é perceptível, no Brasil, com a crescente de grupos extremamente conservadores que, adotando práticas medievais e pré-modernas, recusam-se à postura do Magistério eclesial de diálogo e abertura com o mundo moderno. Tudo isso leva a crer que o retorno do sagrado comporta uma nova secularização – para dizer em um trocadilho castelhano – não de "*las herencias, pero de las conciencias*", ou seja, não das heranças da tradição religiosa, mas da consciência individual e da fé privatizada: "ao separar a espiritualidade da tradição, a sociedade civil está arrebatando às instituições religiosas o monopólio da vivência espiritual; aquilo que acontecia dentro das religiões está destinado a recompor-se fora da religião" (ÓTON, 2014, p.

1 KÜNG, H. *Uma ética global para a política e a economia mundiais*, p. 235-244. O sacerdote Juan Martín Velasco (1934-2020) sugere uma reflexão sobre a crise epocal da religião desde as intuições de Hans Küng em *Ser cristiano en una cultura posmoderna*, p. 11-16.

121). E algumas experiências vão assumir essa função como a estética, a imaginação, a do conhecimento, a experiência psicológica de si mesmo e a ética.

Da herança que o Concílio Vaticano II nos presenteia, não faltaram esforços para empreender uma catequese decididamente evangelizadora e renovada. Trago aqui o testemunho de um santo, João Paulo II: "os últimos Papas atribuíram à catequese um lugar eminente em sua solicitude pastoral. Nessa linha, Paulo VI, com seus gestos, sua pregação e sua interpretação autorizada do Concílio Vaticano II – que ele considerava o grande catecismo dos tempos modernos – e até com toda a sua vida, serviu a catequese da Igreja de modo particularmente exemplar" (CT, 2).

Eis uma expressão adequada para nosso tempo e para o trabalho catequético e eclesial que realizamos: o compêndio do Concílio Vaticano é, seguramente, o catecismo dos tempos modernos, ou ainda, um diretório catequético conciliar, ainda que não traga especificamente um documento sobre a Iniciação Cristã. É por isso que em todos os gestos e todas as palavras do papa Francisco vemos sinais de esperança como naqueles idos da década de 1960. Isso nem sempre é claro nos pontificados anteriores, dos chamados "pais do Concílio". Já é conhecido a nós, teólogos, a usual expressão do período de "inverno eclesial", nas décadas de 1980 e 1990 e que revelava – segundo os críticos – um retrocesso eclesial em relação à reforma conciliar, frente aos exageros e incompreensões na fase de aplicação do concílio, na década de 1970 e bastante expressiva no Sínodo dos Bispos de 1985, que tratou sobre um balanço dos 20 anos do Concílio Vaticano II[2].

---

2 Um prenúncio deste período crítico no pontificado de João Paulo II encontra-se na entrevista dada pelo cardeal Joseph Ratzinger – que acabava de assumir

Em contrapartida, o "filho" Francisco se arrisca bem mais, abrindo portas e janelas, como disse São João XXIII (Ângelo Giuseppe Roncalli), preparando o concílio. O atual papa buscou, a princípio, viver bem mais o concílio do que falar sobre ele. Não teremos dificuldades para observar inúmeras semelhanças entre Bergoglio e Roncalli. Ambos se arriscaram em viver uma Igreja em saída missionária que, mesmo com os perigos de se acidentar, foram ao encontro dos homens e das mulheres, nas periferias existenciais de nosso tempo. É interessante o trabalho de José Manuel Vidal e Jesús Bastante, compilando uma obra comemorativa dos 50 anos do concílio, pela editora espanhola Herder, com o título "*Un Concilio entre primaveras: de Juan XXIII a Francisco*". De fato, vivemos uma primavera na Igreja quando acompanhamos o testemunho fiel a Cristo de Francisco, como fizera o de Assis, na missão de reconstruir a Igreja pela via da pobreza e dos mais pequenos.

Recentemente, o cardeal Michael Czerny e o padre Christian Barone publicaram *Fraternità: segno dei tempi. Il magistero sociale di papa* Francesco "Fraternidade: sinais dos tempos. O magistério social do Papa Francisco", com o prefácio do próprio Pontífice. Aqui destaco algumas lembranças: "na história da América Latina, na qual estive imerso, primeiro como um jovem estudante

---

o posto de Prefeito da Congregação para a Doutrina da Fé – ao italiano Vittorio Messori, publicada com o título *Rapporto* sulla fede, às vésperas do Sínodo, em 1985. Infelizmente, a tradução brasileira ganhou um título provocativo e até polêmico, dado pelo Pe. Fernando José Monteiro Guimarães: "A fé em crise: o Cardeal Ratzinger se interroga", publicada pela Editora Pedagógica e Universitária (EPU), no mesmo ano. Recentemente, uma nova edição atualizada e enriquecida de estudos sobre o papa Ratzinger foi publicada pela Editora Escola Ratzinger, com o título fiel ao original: "Relatório sobre a fé: Vittorio Messori conversa com o cardeal Joseph Ratzinger" (2021).

jesuíta e depois no exercício de meu ministério, nós respirávamos um ambiente eclesial que entusiasticamente absorveu e fez sua própria teologia, igreja e intuições espirituais do concílio e os inculturou e implementou-os". E depois acentua que o "Concílio se tornou o horizonte de nossa crença, nossa linguagem e nossa práxis, que é, e logo se tornou nosso ecossistema eclesial e pastoral. Muito simplesmente, o Concílio havia entrado em nossa maneira de ser cristão e, de ser Igreja, e, ao longo da minha vida, minhas intuições, percepções e minha espiritualidade foram simplesmente geradas pelas sugestões da doutrina do Vaticano II" (CZERNY, 2021).

No mesmo ano, quando discursava aos participantes de um congresso, promovido pelo Departamento de Catequese da Conferência Episcopal Italiana, Francisco não fez rodeios e disse objetivamente:

> "A catequese inspirada pelo Concílio está continuamente à escuta do coração do homem, sempre com o ouvido atento, procurando sempre se renova. Este é o magistério: o Concílio é magistério da Igreja. Ou você está com a Igreja e, portanto, segue o Concílio, e se não segue o Concílio ou o interpreta à sua maneira, à sua própria vontade, você não está com a Igreja. Temos de ser exigentes e rigorosos neste ponto. O Concílio não deve ser negociado para ter mais destes... Não, o Concílio é assim. E este problema que estamos enfrentando, da seletividade do Concílio, repetiu-se ao longo da história com outros Concílios" (FRANCISCO, 2021)

Aqui no Brasil temos acompanhado o barulho que se tem feito quanto ao Vaticano II. Um grupo pequeno de conservadores, que se revestem de armadores medievais, conectados a todo tempo nas mídias, mas infelizmente desconectados da realidade eclesial que nos faz caminhar, à luz dos sinais dos tempos. Na Europa não está sendo diferente, porque Francisco vê, escuta e é interpelado por diversas situações pelas quais Paulo VI também passou logo após a clausura conciliar. Francisco confirma que o Vaticano II é inegociável: ou você está com o Concílio ou você não está com a Igreja. Chama a atenção uma expressão usada por ele: a "seletividade do Concílio". É interessante porque essa seletividade é experimentada por muitos católicos não somente em relação ao próprio concílio, mas à vida de fé em sua totalidade, pois se crê naquilo que é conveniente, celebra-se aquilo que mais toca o coração, compromete-se com o tempo que lhe sobra e, muitas vezes, reza-se a partir do milagre que se possa alcançar... Com o Concílio Vaticano II também foi assim, pois cada qual acaba por absorver e aplicar aquilo que mais lhe agrada, sobretudo nas margens teológicas que se abriam nos textos, ora para agradar um grupo, ora a outros.

Capítulo 3

# O continente digital e seus nativos

"Particularmente, a internet pode oferecer maiores possibilidades de encontro e de solidariedade entre todos; e isso é uma coisa boa, é um dom de Deus" (FRANCISCO, 2014). Nos últimos cinquenta anos, a internet revolucionou nossa forma de comunicação e também nos relacionamentos sociais, transformando o modo como interagimos, seja no núcleo familiar, na educação, no mundo do trabalho, na comunidade e fé ou em outros grupos sociais que pertencemos. Com seu advento é notável o fácil acesso à informação e ao conhecimento, à utilização de diversas tecnologias, bem como à inclusão social, alterando nossa forma de viver, aprender, trabalhar, divertir e também de consumir.

Mesmo diante de tantos progressos, poderíamos dizer, sob muitos aspectos, que vivemos em uma civilização do espetáculo, "um mundo onde o primeiro lugar na tabela de valores vigentes é ocupado pelo entretenimento, onde divertir-se, escapar do tédio, é a paixão universal" (LLOSA, 2013, p. 29-30). O problema está justamente quando essa adjetivação se converte em valor supremo em uma sociedade, acarretando inúmeras consequências, dentre elas a banalização da cultura, a generalização da frivolidade e a proliferação de um jornalismo irresponsável de bisbilhotice e escândalo. Prova disso é a gigantesca avalanche de *fake news* que se espalha com o vento nas incontáveis redes sociais que participamos. É-nos apresentado um diagnóstico bastante aterrador a nosso tempo porque, como em Babel, "as línguas perseguem umas às outras e se sobrepõem, fragmentos de informações se substituem antes de produzir uma ideia; mas, em um mundo sem contexto, mil cacos de informação nada acrescentam ao conhecimento" (BAUMAN, 2016, p. 94-95). Nesse sentido, construir uma "comunidade off-line" é uma tarefa difícil e muitas vezes perigosa, enquanto desmontar ou até extinguir uma "rede on-line" é um exercício fácil e rápido, com pouco ou nenhum risco e o principal: evitando o peso dos compromissos a longo prazo. Hoje já se fala que não existe uma linha que divide o *on-line* do *off-line*: como dizia uma geração, hoje "vivemos todos juntos e misturados"!

Diante dessa realidade tão desafiadora, somos encorajados, na expressão de Francisco, a sermos "cidadãos digitais", de maneira que não apenas circulemos pelas estradas do mundo digital, mas que a conexão seja acompanhada pelo encontro verdadeiro, deixando-nos mover pelo espírito da ternura. Francisco é bastante otimista frente à angústia dos tempos modernos: a rede digital pode ser um lugar rico de humanidade: não uma rede de fios, mas de pessoas humanas! Falando aos jovens, recordava que "a internet e as redes sociais geraram uma nova maneira de comunicar e criar vínculos, sendo uma praça onde os jovens passam muito tempo e se encontram facilmente, embora nem todos tenham acesso igual, particularmente em algumas regiões do mundo. Em todo o caso, constituem uma oportunidade extraordinária de diálogo, encontro e intercâmbio entre as pessoas" (CV, 87). Ao mesmo tempo, amparado pelas conclusões do Sínodo sobre a Juventude, Francisco não esconde sua preocupação com a manipulação que se faz dentro do universo digital: ele é também "um território de solidão, manipulação, exploração e violência, até o caso extremo da *dark web*. Os meios de comunicação digitais podem expor ao risco de dependência, isolamento e perda progressiva de contato com a realidade concreta, dificultando o desenvolvimento de relações interpessoais autênticas. Difundem-se novas formas de violência por meio das redes sociais, como o cyberbullying; a web é também um canal de difusão da pornografia e de exploração de pessoas para fins sexuais ou por meio do jogo de azar" (CV, 88).

A formação sobre a utilização da Internet e as novas tecnologias exigem muito mais do que o ensino das técnicas necessárias para o acesso. As crianças e os jovens de hoje "têm necessidade de aprender como agir corretamente no mundo do espaço cibernético, discernir os juízos de acordo com critérios morais sólidos a respeito daquilo que nele encontram e lançar mão das novas tecnologias para seu desenvolvimento integral e o benefício dos outros" (PONTIFÍCIO CONSELHO PARA AS COMUNICAÇÕES SOCIAIS, 2002, 7). O desafio da transmissão da fé no mundo atual foi traduzido lucidamente por Lluis Duch desta forma: "ao se afirmar a absoluta primazia do 'eu', põe-se em questão um dos objetivos mais importantes de todas as transmissões: a comunidade, isto é, a afirmação do 'nós' como realidade suprema da existência humana" (DUCH, 2009, p. 22). É preciso caminhar...

Nos diversos debates, há de se distinguir hoje duas categorias de sujeitos. A primeira, os chamados *nativos digitais*, "pessoas nascidas e crescidas em contato com as tecnologias digitais em uma *sociedade multitela*, consideram as tecnologias como um elemento natural, não experimentando nenhum desconforto na manipulação e na interação com elas" (DC, 362). E existem também os *imigrantes digitais*, que entraram posteriormente nesse universo e tentam se adequar às novas experiências desse imenso universo. É comum encontrarmos pessoas em nossas comunidades que apresentam muitas dificuldades quando precisam participar de reuniões, formações e, até mesmo, os grupos de aplicativos que acabaram se tornando meios práticos e rápidos para avisos e orientações pastorais. Os imigrantes digitais, em vista dos nativos, são bem menos espontâneos, interativos e participativos. O que é um grave problema quando constatamos também que a geração dos nativos digitais privilegia a imagem em detrimento da escuta.

Na pastoral e, especialmente, na catequese, sentimos a urgência de aumentar a compreensão acerca do impacto das comunicações sociais sobre os indivíduos e a sociedade, ajudando a adquirir uma forma de comunicar que transmita uma mensagem que toque e atraia a atenção das pessoas na cultura dos *mass media*. São Paulo VI lembrou que "a Igreja viria a sentir-se culpável diante de seu Senhor, se ela não lançasse mão destes meios potentes que a inteligência humana torna cada dia mais aperfeiçoados" (EN, 45), deixando que o primeiro anúncio e a catequese pudessem se servir destes instrumentos de evangelização. Da mesma forma, ao falar dos novos areópagos, S. João Paulo II apresentou o mundo das comunicações como o primeiro deles: "não é suficiente, portanto, usá-los [os *mass media*] para difundir a mensagem cristã e o Magistério da Igreja, mas é necessário integrar a mensagem nessa nova cultura, criada pelas modernas comunicações" (RM, 37).

Assim nos questionamos: estamos conscientes da realidade que nos rodeia enquanto discípulos-missionários ou ainda não nos demos conta das rápidas transformações ocorridas dentro e fora da comunidade eclesial? É possível uma catequese que transforme as "redes" frágeis da cultura atual em uma "comunidade" mais sólida e comprometida? Como projetar, especialmente depois da pandemia, as redes sociais como lugares para a transmissão da fé?

Diante destes questionamentos, o diretório para a catequese nos abre para um questionamento fundamental: a intenção aqui não é saber como vamos utilizar as tecnologias para anunciar o Evangelho, mas buscar ser uma presença evangelizadora nesse imenso continente digital. Todo o processo catequético, que "não pode simplesmente digitalizar-se, certamente precisa conhecer o poder do meio e utilizar todo o seu potencial e sua positividade, com a consciência, porém, de que não se faz catequese utilizando somente ferramentas digitais, mas oferecendo espaços de experiência de fé" (DC, 371). Aqui frisamos mais uma vez: a experiência de Deus precisa ser maior que a informação religiosa. E a catequese, de maneira especial, busca sempre ser promotora de experiências, e não de experimentos, ações meramente repetitivas. A Igreja nos lembra que temas como a sexualidade, a afetividade, identidade de gênero, família e vivência de fé são interpretadas de maneira diferente no continente digital. É nossa missão mostrar aos nativos o autêntico caminho da fé que recebemos!

Capítulo 4

# O grito de socorro da Casa Comum

Em *Vamos sonhar juntos*, Francisco precisou dizer com clareza aquilo que foi suscitado por alguns grupos que, no mínimo, possuem uma formação teológica deficitária ou desconexa com a experiência da Tradição Católica[1] do último século: a "*Laudato Si*' não é uma encíclica 'verde'. É uma encíclica social. O verde e o social caminham juntos: o destino da Criação está unido ao destino de toda a humanidade" (FRANCISCO, 2020, p. 39-40). E, lamentando, continua: 'não é uma questão de ideologia. É uma realidade que nos ameaça. A humanidade está cada vez mais doente, assim como nossa casa em comum, nosso ambiente, nossa Criação'"[2].

É inevitável não se lembrar do trocadilho que dom Helder Câmara sempre usava, em seu ministério pastoral junto

---

1 O professor americano metodista Joerg Rieger (1963), ao demonstrar sua preocupação teológica com aqueles que se encontram no "andar de baixo de história", ou seja, os pobres, desabafa: "Para entender a contribuição potencial das pessoas do andar de baixo para a reflexão teológica, precisamos ver que papel desempenharam até aqui. Embora a teologia moderna tenha criado uma nova preocupação com os 'sinais dos tempos', para usar a famosa expressão que permeou o Concílio Vaticano II, poucos tiveram a coragem de lidar com o andar de baixo desses sinais. [...] Esse paradoxo aponta uma importante cegueira da teologia contemporânea" (RIEGER, J. Lembrar-se dos pobres. São Paulo: Loyola, 2009, p. 21).

2 FRANCISCO. Vamos sonhar juntos, p. 40. É lamentável notar que, atualmente, as publicações sobre a Doutrina Social da Igreja têm sido lidas, acolhidas e propagadas mais fora da Igreja católica do que dentro da própria instituição. É uma deficiência teológica e pastoral que precisa ser amadurecida principalmente nos seminários e centros de formação presbiteral.

aos pequenos: "Se dou pão aos pobres, dizem que sou santo; se pergunto por que passam fome, dizem que sou comunista!" E esse sempre foi o sopro inspirador da Igreja em todos os tempos, propagando sua doutrina social sensível aos problemas do ser humano, em suas alegrias e esperanças (GS, 1), como sal da terra e luz do mundo (Mt 5,13-14). O mundo moderno pode ouvir, especialmente desde Leão XIII com a causa operária, e com os demais pontífices até Francisco, não esmorecer a fé cristã diante das dores do mundo.

E por falar em sonho, ao findar o Sínodo Extraordinário da Amazônia, o Papa partilhava sobre o sonho social que supere o *paradigma tecnocrático*, com uma lógica que despreza o limite imposto pelo valor do outro. Aqui recordamos São Paulo VI, que sonhava com o projeto de "civilização do amor" e, para falar sobre o amor no mundo e sobre a pobreza – tema que foi muito pedido pelos padres conciliares e postergado por ele para mais tarde – publica, em 1967, a encíclica *Populorum Progressio*. Inspirando-se nela, admite que "os povos nativos viram muitas vezes, impotentes, a destruição do ambiente natural que lhes permitia alimentar-se, curar-se, sobreviver e conservar um estilo de vida e uma cultura que lhes dava identidade e sentido. A disparidade de poder é enorme, os fracos não têm recursos para se defender, enquanto o vencedor continua a levar tudo, 'os povos pobres ficam sempre pobres e os ricos tornam-se cada vez mais ricos'" (QA, 13).

De um lado, vemos que estamos diante de uma *crise ecológica*, que é fruto de um excesso antropocêntrico, uma "crise que afeta questões que exigem ser tratadas simultaneamente: poluição e mudanças climáticas, uso de recursos primários e perda de biodiversidade, desigualdade planetária, deterioração da qualidade de vida humana e degradação social" (DC, 381). De outro lado, temos a insistência do Magistério em provocar na Igreja uma sincera *conversão ecológica*, tocando o coração dos homens e das mulheres para dizer que cuidar com responsabilidade da criação e da justiça social é parte essencial da fé cristã. Não podemos tapar os ouvidos frente ao grito da terra e o grito dos pobres.

E aqui se pode falar melhor sobre a ecologia integral de Francisco, que tem chamado tanto a atenção do mundo. Vamos ouvi-lo:

> Na *Laudato Si'* falei de uma mentalidade distorcida, conhecida como "paradigma tecnocrático". É uma lógica que despreza o limite imposto pelo valor do outro. Na ocasião, argumentei que é necessária uma conversão ecológica para evitar que a humanidade não apenas destrua a natureza, mas também a si mesma. Fiz um apelo em favor de uma "ecologia integral", que vai muito além do cuidado com a natureza; trata-se de cuidarmos uns dos outros como criaturas de um Deus que nos ama, e de tudo o que isso envolve.
>
> [...] Por isso acredito que o futuro que somos chamados a construir precisa de uma ecologia integral, que leve a sério a deterioração cultural e ética que caminha de mãos dadas com nossa crise ecológica. O individualismo trazido pelo paradigma tecnocrático tem consequências (FRANCISCO, 2020, p. 42-43).

O pontífice reserva um capítulo exclusivo na carta encíclica *Laudato Si* para tratar sobre a ecologia integral. Tendo em conta todos os aspectos da crise mundial, a tese de Francisco é impulsionar uma ecologia integral que nos mova desde as dimensões econômica, social, ambiental e cultural da vida cotidiana, desde os princípios do bem comum e promotora de uma justiça intergeracional. Tendo como pressuposta essa relação entre a natureza e a sociedade, isso nos impede "de considerar a natureza como algo separado de nós ou como uma mera moldura da nossa vida. Estamos incluídos nela, somos parte dela e compenetramo-nos" (LS, 139). Nesse sentido, o sacerdote e teólogo Adolphe Gesché (1928-2003) já denunciava essa lacuna cosmológica na teologia católica, problematizando como se daria uma autêntica teologia da criação e do cosmos. Sem menosprezar a ascensão ética e antropológica na teologia especulativa no período pós-conciliar, é preciso retomar a autêntica relação antropológica entre homem-cosmos-Deus: "a questão que se apresenta é saber se, se para salvar a empreitada que foi descoberta nessa renovação antropológica, não seria conveniente reatar com o cosmo e com a natureza" (GESCHÉ, 2004, p. 21).

Diante do problema levantado, podemos falar abertamente sobre o projeto de uma *catequese ecológica*, que atenta aos desprendimentos da ecologia integral apresentada, promova não somente a Doutrina Social da Igreja, mas também a ecologia ambiental, cultural e da vida cotidiana. É uma ação eclesial por parte de nossos catequistas que "não deixará fora de sua missão motivar e sustentar nos fiéis uma mentalidade e uma espiritualidade ecológicas, baseadas na sabedoria das narrativas bíblicas e no Magistério social da Igreja" (DC, 383). É uma ação evangelizadora que abarca pelo menos uma tríplice missão eclesial: criar consciência nos irmãos e nas irmãs de comunidade que a crise ecológica e a proposta de uma catequese ecológica integral é parte integrante da vida cristã; depois, anunciar as verdades de fé subjacentes ao tema ambiental e à nossa Casa comum, com farta literatura nas Sagradas Escrituras, no Catecismo da Igreja católica e no Magistério Pontifício; e, ainda, inspirados no pedido do próprio Senhor de ensinar a observar tudo o que Ele ordenou (Mt 28,20), na prática do mandamento do Amor, acompanhar os fiéis batizados na vivência das exigências morais da fé, em que os frutos dessa catequese ecológica aparecerão, com atitudes de respeito, de uma vida sóbria e virtuosa e reconhecendo, nestes sinais, a voz de Deus.

# A missão continua...

A promoção de um itinerário discipular missionário, bastante digerido nas reflexões expostas e no documento final da Conferência de Aparecida (2007) busca, sem dúvidas, iluminar o novo cenário cultural que nos é imposto, uma mudança de época que, ainda percebido nos encontros de Medellín (1968), Puebla (1979) e Santo Domingo (1992), mostra-se de forma mais evidente e com consequências mais duras para a vida das futuras gerações. Diante de uma modernidade que atingiu sua maturidade, a inspiração dos padres conciliares de voltar às fontes cristãs não soa a nós estranha ou descontextualizada. O pastor americano Leonard Sweet também provocou seu rebanho para dizer que em uma modernidade que entra em colapso e vive seu eclipse – como Jean-François Lyotard profetizou com o colapso das metanarrativas modernas – o caminho é viver um cristianismo da cruz que busca se inspirar novamente na tradição cristã clássica dos primeiros séculos. É recomeçar a partir de Jesus Cristo, como diziam os bispos da América-Latina. Por isso o catecumenato dos primeiros séculos continua inspirando a Igreja do novo milênio a dar passos sólidos ainda que imersa na liquidez moderna, para se sentir segura em meio às tensões sociais, e também libertadora, frente a inúmeras correntes ideológicas que tentam aprisioná-la.

É preciso deixar aqui registrado uma preocupação que perpassa nossas comunidades e que não passou despercebido pelos bispos em Aparecida: o grande número de batizados que, embora piedosamente sacramentalizados, não foram devidamente evangelizados. E isso requer maior atenção de nossa parte, tanto para a Teologia como para a Catequética, e justifico minhas razões para a reflexão. Primeiro, porque a evasão de muitas crianças e jovens no tempo da catequese tradicional continua crescendo, tendo em vista a dificuldade, em nossas famílias, em viver o que chamamos de uma "Igreja doméstica". A falta de conexão daquilo que se experimenta na catequese e nas paróquias, com o que se vive fora delas e, especialmente, em casa, acaba por ser fator decisivo para a grande desistência na busca dos sacramentos e na vivência de fé.

Segundo, porque muitos são os batizados que não vivem a fé que receberam, ou em nosso popular "católicos não praticantes", que ainda aparecem com muita frequência nas pesquisas quando questionados sobre sua denominação religiosa. Estes não praticam porque perderam o vínculo cristão familiar, vindo de um cristianismo sociológico; também não praticam porque se decepcionaram em algum momento da vida com um sacerdote, um coordenador ou com o modo como a comunidade que participavam; ou ainda porque enxergam a Igreja como um balcão de supermercado e se servem de uma religião a la carte, ritmados pelos conhecidos ritos de passagem como casamentos, batizados, festas dos santos de devoção e missas de sétimo dia.

E, terceiro, porque muitos batizados frequentadores também sofrem do mal que o papa Francisco evocava, de serem "estátuas de museu", rígidos, encarquilhados e estéreis; ou ainda católicos com "cara de vinagre", azedos e impossibilitados de comunicar alegria, quando é preciso se purificar desde dentro, transformando sua espiritualidade e seu modo de viver a fé no mundo. É nesse sentido que a insistência do documento de Aparecida para uma conversão pastoral não se prescreve por acaso. Muitos fiéis de nossas comunidades, mesmo estando nos bancos todos os domingos, encontram-se à margem, ou naquilo que São Paulo VI denominou como "viver numa sociedade cristã, mas sem princípios cristãos". Hoje muito se fala de uma catequese e formação permanente para leigos, sacerdotes e, inclusive, para bispos. O itinerário discipular missionário deve acompanhar toda a vida do cristão, integrando um itinerário evangelizador respaldado na dinamicidade das primeiras comunidades cristãs como um retorno às fontes, frente aos novos modelos culturais. E, sobretudo, no impulso renovador dos movimentos eclesiais que tiveram sua vitrine exposta durante o Vaticano II; e, ainda, na experiência sinodal que nunca deixou de corresponder às necessidades da Igreja em tocar feridas abertas e carentes de cuidado, bem como na experiência latino-americana que buscou, em cada instância, ser um sinal libertador e de impulso na missão e no discipulado.

Há de se concordar com o espanhol Jordi D'Arquer que o que buscamos, hoje, é um "catecumenato catequético", e não simplesmente uma "catequese catecumenal". E isso faz toda a diferença! Na prática, o que se observa, por vezes, é uma epígrafe de inspiração catecumenal que serve para adjetivar e decorar uma atividade pastoral que não viveu ainda um processo de conversão. A intuição de D'Arquer é inspiradora para nosso milênio: todo instrumental catequético – pedagógico e metodológico – deve iluminar o processo de iniciação à vida cristã – querigmático e mistagógico. Por isso corremos o risco de perder tempo em trocar datas para a recepção dos sacramentos, inventar ritos de entregas de símbolos, distribuir convites, registrar muitas selfies e nos esquecer do processo e do acompanhamento mistagógico, porque estes não se alimentam dos eventos; antes, buscam permanecer em Cristo e caminhar com Ele, como ramos unidos à videira.

Enfim, é de impressionar a simplicidade e a profundidade com que o monge beneditino Simón Pedro Arnold escreveu La era de la mariposa. Sim, porque vivemos, hoje, uma espiritualidade em processo de casulo, precisamente no momento em que a lagarta visa alçar voo com suas próprias forças. Por mais pessimista que pareça nosso tempo, e isso pode ser constatado nas qualificações de pós-modernidade, pós-cristão, pós-Deus e até de pós-verdade... Tudo isso não deixa de projetar lampejos de oportunidades e esperança. É lembrar que sobre os discípulos, quando voltavam para Emaús, também pairou uma nuvem de desânimo, fracasso e profunda tristeza. Somente quando se abriram ao kairós divino, aquela oportunidade reveladora como fenda aberta no terremoto – na acolhida Àquele que se aproxima, na escuta atenta antes de dizer algo, na hospitalidade de querer o outro por perto, na partilha sentados à mesma mesa fraterna e na coragem de testemunhar, mesmo que tudo pareça loucura. Ouçamos, portanto, o que o Espírito diz às Igrejas (Ap 2,7), e sigamos!

# Referências

ABREU, E.; SOUZA, N. Concílio Vaticano II: memória e esperança para os tempos atuais. São Paulo: Paulinas, 2014.

AMADO, J.; FERNANDES, L. (org.). Evangelli Gaudium em questão: aspectos bíblicos, teológicos e pastorais. São Paulo: Paulinas; Rio de Janeiro: PUC-Rio, 2014.

ARNOLD, S. La era de la mariposa. Una espiritualidad en proceso de crisálida. Buenos Aires, Claretiana, 2015.

ASSOCIACIÓN ESPANOLA DE CATEQUESIS (AECA). Hacia un nuevo paradigma de la iniciación cristiana hoy. Madrid: PPC, 2009.

AUGUSTIN, G. (ed.). El desafío de la nueva evangelización. Impulsos para la revitalización de la fe. Santander: Sal Terrae, 2012.

BAUMAN, Z. Identidade. Entrevista a Benedetto Vecchi. Rio de Janeiro: Jorge Zahar, 2005.

BAUMAN, Z. Liquid Modernity. 22 reimp. Oxford: Polity Press, 2012.

BENTO XVI, PP. Verbum Domini. Exortação Apostólica. São Paulo: Paulinas, 2010.

BENTO XVI, PP. Santa Missa para a Abertura do Sínodo dos Bispos. 7 out. 2012.

BENTO XVI, PP. Santa Missa para a Conclusão do Sínodo dos Bispos. 28 out. 2012.

BERZOSA, R. Transmitir la fe en un nuevo siglo. Retos y propuestas. Bilbao: Desclée de Brouwer, 2006.

BIEMMI, E. El segundo anuncio. La gracia de volver a empezar. Santander: Sal Terrae, 2013.

BRIGHENTI, A. A pastoral dá o que pensar. A inteligên-

cia da prática transformadora da fé. 1 reimp. São Paulo: Paulinas, 2014.
CABALLERO, J. L. Teología Fundamental y Dogmatica. IN: SCRIPTA THEOLOGICA, v. 50. Barcelona: Fragmenta Editorial, 2017.
CALIMAN, C. (org.). A sedução do sagrado. O fenômeno religioso na virada do milênio. Petrópolis: Vozes, 1998.
CARTA A DIOGNETO. Documento que descreve quem eram e viviam os cristãos dos primeiros séculos. Aleteia. 28 dez. 2018.
CARVAJAL-BLANCO, J. Pedagogía del primer anuncio. El Evangelio ante el reto de la increencia. Madrid: PPC, 2012.
CELAM. Documento Básico Preliminar para II Conferencia General del Episcopado Latinoamericano. Medellín, ago. 1968. Revista Medellín. Separata Especial. Bogotá, v. XIX, n. 76, dez. 1993, p. 1-52.
CELAM. Documento de Aparecida. Texto conclusivo da V Conferência Geral do Episcopado Latino-americano e do Caribe. São Paulo: Paulus, 2007.
CELAM. Manual de Catequética. São Paulo: Paulus, 2007.
CELAM. Las cinco conferencias generales del episcopado latinoamericano. Santafé de Bogotá: San Pablo, 2014.
CNBB. Diretório Nacional de Catequese. Brasília: Edições CNBB, 2006.
CNBB. Cristãos leigos e leigas na Igreja e na sociedade. São Paulo: Paulinas, 2016.
CONCÍLIO ECUMÊNICO VATICANO II. Constituições, Decretos, Declarações, Documentos e Discursos Pontifícios. São Paulo: Paulinas, 1967.
CONGREGAÇÃO PARA O CLERO. Diretório Cate-

quético Geral. 3.ed. São Paulo: Paulinas, 1983.
CONGREGAÇÃO PARA O CLERO. Diretório Geral para a Catequese. 5.ed. São Paulo: Paulinas, 2009.
CZERNY, M.; BARONE, C. Fraternità segno dei tempi. Il magistero sociale di Papa Francesco. Libreria Editrice Vaticana: Vaticano, 2021.
DIDAQUÉ. O catecismo dos primeiros cristãos para s comunidades de hoje. 17.ed. São Paulo: Paulus, 2010.
DUCH, Lluis. La crisis de la transmisión de la fe. Madrid: PPC, 2009.
EQUIPO EUROPEO DE CATEQUESIS. La conversión misionera de la catequesis. Relación entre fe y primer anuncio en Europa. Madrid: PPC, 2009.
FISICHELLA, R. La nueva evangelización. Santander: Sal Terrae, 2012.
FISICHELLA, R. Igreja lança novo diretório para a catequese depois de 23 anos. Revista Eletrônica Dom Total, 26 jun. 2020.
FLORISTÁN, C. Para comprender el Catecumenado. Estella: Verbo Divino, 1991.
FLORISTÁN, C. Teología Practica. Teoría y praxis de la acción pastoral. Salamanca: Ediciones Sigueme, 1993.
FORTE, B. Para onde vai o Cristianismo? São Paulo: Loyola, 2003.
FOSSION, A. O Deus desejável. Proposição da fé e iniciação. São Paulo: Loyola, 2015.
FRANCISCO, PP. Anunciar o Evangelho: Mensagens aos Catequistas. Campinas: Ecclesiae, 2013.
FRANCISCO, PP. Discurso do Papa Francisco aos Bispos responsáveis do Conselho Episcopal Latino-Americano. 28 jul. 2013.

FRANCISCO, PP. *Evangelli Gaudium*. Exortação Apostólica sobre o anúncio do Evangelho no mundo atual. São Paulo: Loyola, 2013.

FRANCISCO, PP. A comunicação a serviço de uma autêntica cultura de encontro. 24 jan. 2014.

FRANCISCO, PP. Laudato Si'. Sobre o cuidado da casa comum. Carta Encíclica. São Paulo: Paulinas, 2015.

FRANCISCO, PP. Celebração Eucarística no encerramento do Jubileu pelos 800 anos da confirmação da Ordem dos Pregadores. 21 jan. 2017.

FRANCISCO, PP. Gaudete et Exsultate. Sobre a chamada à santidade no mundo atual. Exortação Apostólica. Brasília: Edições CNBB, 2018.

FRANCISCO, PP. Christus Vivit. Aos jovens e a todo o Povo de Deus. Exortação Apostólica. São Paulo: Paulinas, 2019.

FRANCISCO, PP. Querida Amazônia. Ao povo de Deus e a todas as pessoas de boa vontade. Exortação Apostólica. São Paulo: Paulinas, 2020.

FRANCISCO, PP. Vamos sonhar juntos: o caminho para um futuro melhor. Rio de Janeiro: Intrínseca, 2020.

FRANCISCO, PP. Discurso aos participantes do encontro do Departamento Catequético Nacional da Conferência Italiana. 30 jan. 2021.

FRANCISCO, PP. Audiência Geral na Sala Paulo VI. 24 nov. 2021.

FRANCISCO, PP. Homilia. 14 abr. 2022.

GALLAGER, M. El Evangelio en la cultura actual. Un frescor que soprende. Cantabria: Sal Terrae, 2010.

GESCHÉ, A. O cosmo. São Paulo: Paulinas, 2004.

GEVAERT, J. El primer anuncio. Proponer el Evangelio a

quien no conoce a Cristo. Finalidades, destinatarios, contenidos, modos de presencia. Santander: Sal Terrae, 2001.

GONZALEZ FAUS, Jose Ignacio. Depois de Deus... Petrópolis: Vozes, 2023.

HALÍK, T. Não sem esperança: o retorno da religião em tempos pós-otimistas. Petrópolis: Vozes, 2018.

HERVIEU-LÉGER, D. O peregrino e o convertido. A religião em movimento. 2.ed. Petrópolis: Vozes, 2015.

JOÃO XXIII. Discurso de Abertura do XXI Concílio Ecumênico. 11 out. 1962.

JOÃO PAULO II, PP. Catechesi Tradendae. Exortação Apostólica Pós-Sinodal. 6.ed. São Paulo: Paulinas, 1981.

JOÃO PAULO II, PP. *Christifideles Laici*. Vocação e missão dos leigos na Igreja e no mundo. Exortação Apostólica Pós-Sinodal. São Paulo: Paulinas, 1988.

JOÃO PAULO II, PP. Redemptoris Missio. Exortação Apostólica Pós-Sinodal. 3.ed. São Paulo: Paulinas, 1997.

KÜNG, H. Uma ética global para a política e a economia mundiais. Petrópolis: Vozes, 1999.

LAUTOURELLE, R.; FISICHELLA, R. Dicionário de Teologia Fundamental. 2.ed. Petrópolis: Vozes, 2017.

LENAERS, R. Outro cristianismo é possível. A fé em linguagem moderna. São Paulo: Paulus, 2010.

LLOSA, Mario Vargas. A civilização do espetáculo: uma radiografia do nosso tempo e da nossa cultura. Rio de Janeiro: Objetiva, 2013.

MACHADO, M. Uma catequese sólida em tempos líquidos. Revista de Catequese, n. 145, p. 06-21, jan./jun. 2015.

MACHADO, M. Primeiro anúncio e ação evangelizadora: do coração do Evangelho ao coração do mundo. Revista de Catequese, n. 148, p. 06-14, jul./dez. 2016.